One Minute Mysteries : 65 Short Mysteries You Solve With Science!
ⓒ Eric Yoder and Natalie Yoder
Originally published in English, in 2010, by Science, Naturally, Washington, DC
All rights reserved.

No part of this book may be used or reproduced in any manner whatever without written permission,
except in the case of brief quotations embodied in critical articles or reviews.

Korean Translation Copyright ⓒ 2013 by Danielstone Publishing Co.
Published by arrangement with Science, Naturally!,
through BC Agency, Seoul.

이 책의 한국어판 저작권은 BC 에이전시를 통한 저작권자와의 독점 계약으로 뜨인돌출판(주)에 있습니다.
신 저작권법에 의해 한국 내에서 보호를 받는 저작물이므로 무단 전재와 무단 복제를 금합니다.

생활에서 발견한 재미있는 과학55

초판 1쇄 펴냄 2013년 9월 23일
초판 4쇄 펴냄 2017년 11월 23일

지은이 에릭 요다·나탈리 요다
그린이 문지현
옮긴이 유윤한
펴낸이 고영은 박미숙

편집이사 인영아 | 뜨인돌기획팀 이준희 박경수 김정우 이가현
뜨인돌어린이기획팀 조연진 임솜이 | 디자인실 김세라 이기희
마케팅팀 오상욱 여인영 | 경영지원팀 김은주 김동희

펴낸곳 뜨인돌출판(주) | 출판등록 1994.10.11.(제406-251002011000185호)
주소 10881 경기도 파주시 회동길 337-9
홈페이지 www.ddstone.com | 노빈손 www.nobinson.com
대표전화 02-337-5252 | 팩스 031-947-5868

ISBN 978-89-5807-458-8 73400
CIP2013015059

어린이제품안전특별법에 의한 제품표시
제조자명 뜨인돌어린이 **제조국명** 대한민국 **사용연령** 만 6세 이상

생활에서 발견한 재미있는 과학 55

글 에릭 요다·나탈리 요다　그림 문지현　옮김 유윤한

뜨인돌어린이

차례

1장 생명의 비밀을 밝혀라

01	동물원의 가짜 직원은 누구일까?	12
02	시대에 맞지 않는 음식은 무엇일까?	16
03	빛 없이 살 수 있는 식물은?	20
04	숨어 있는 곤충들을 불러내는 방법은?	23
05	보지 않고 맞혀 보세요!	27
06	정원에 잡초를 심은 범인은 누구일까?	30
07	사라진 소라게는 어디에?	33
08	작은 뱀인가, 큰 지렁이인가?	36
09	수지가 다녀온 수목원은 어디일까?	39
10	'아기 나비'의 정체는?	43
11	연못의 물고기들을 지켜라!	47
12	개털인가, 머리카락인가?	50

2장 행성의 진실을 찾아라

13	그림자가 삼킨 귀고리는 어디에?	56
14	왜 철교만 얼었을까?	60
15	시간이 일그러지는 마법의 정체를 밝혀라!	63
16	하늘에서 가장 크게 보이는 별	67
17	우주 영화 촬영에서 발생한 옥의 티는?	71
18	지도를 보지 않는 남자는 피곤해	74
19	수상한 온천 직원의 정체를 밝혀라!	77
20	모래성을 부순 범인은 누구인가?	80
21	아르헨티나 나무의 진실은 무엇인가?	84
22	공으로 만든 태양계	87
23	가장 오래 살아남을 눈 조각은?	90
24	부풀어 오른 깡통은 상한 것일까?	93
25	고장 난 나침반	96

3장 물리학으로 사건을 해결하라

26	모이통을 부순 범인을 잡아라!	102
27	그림은 진짜인가, 가짜인가?	106
28	누가 내 물에 소금을 넣었을까?	109
29	뒤섞인 쌍둥이를 가려내라!	112
30	누가 촛불을 꺼뜨렸지?	115
31	어느 컵이 시원할까?	118
32	예절 교실에서 생긴 일	122
33	녹아 버린 밀랍 꽃	125
34	폭풍이 달려오는 시간을 알아내라!	128
35	수지를 그린 범인은 누구인가?	132
36	불타는 나무에서 들리는 소리	135
37	딱딱해진 밧줄 마술의 비밀	138
38	눈밭의 숨바꼭질	141

4장   생활 속 수수께끼를 풀어라

39	무거운 나무를 옮기는 방법	146
40	나무에 물 주는 걸 잊지 마세요	150
41	수지의 CD를 가져간 범인은 누구인가?	154
42	흙과 물을 분리하려면?	157
43	풍선에 낙서한 사람 누구야?	161
44	이상한 발전소	164
45	선생님의 분필 알레르기	167
46	편식은 나빠요	170
47	탄산음료의 비밀	173
48	누가 내 물을 마셨을까?	176
49	조작된 사진과 진짜 사진을 구별하는 법	179
50	가방이 무거워진 이유는 무엇일까?	183
51	태엽 시계의 약점은 무엇일까?	186
52	손금의 증명	189
53	아담의 화살촉은 돌인가, 금속인가?	192
54	야구공은 왜 돌기를 갖고 있을까?	195
55	누가 누가 더 빠를까?	199

1장
생명의 비밀을 밝혀라

동물원의 가짜 직원은 누구일까?

"사자도 보고, 호랑이도 보고, 곰도 볼 수 있대. 우아!"

햇살이 눈부시게 맑고 따스한 날이었어요. 수지네 가족은 동물원으로 나들이를 가기로 했어요. 수지와 제임스도 들떴지만, 특히 막내 케빈이 가장 신이 났어요.

그런데 손위 큰 누나인 수지가 신문을 들고 와서 큰 소리로 말했어요.

"어떻게 이런 일이! 어젯밤 동물원에 도둑이 들어서 동물이 몇 마리 사라졌대! 가짜 직원이 숨어들어 동물 우리 열쇠를 빼낸 것 같다는데?"

케빈은 이 소식을 듣고 울상이 됐어요.

"케빈, 실망하지 마. 동물원에 가서 가짜 직원을 찾아보자."

형 제임스가 케빈의 어깨를 두드리며 말했어요. 수지와 제임스, 케빈은 동물원에 가서 이 사건을 조사해 보기로 했어요.

동물원에 도착하자, 안내를 맡고 있는 아주머니에게 수지가 물었어요.

"저기요, 박쥐를 보려면 어디로 가야 하죠?"

"박쥐는 새가 있는 우리에 있어. 이 길을 따라가면 나온단다."

아주머니가 대답했어요.

제임스는 북극곰 전시장을 찾아갔지만, 곰들은 모두 동굴에 들어가 있었어요. 제임스는 북극곰을 보지 못해 실망했어요.

"사육사 아저씨, 북극곰들을 굴 밖으로 나오게 할 수 없나요?"

"북극곰은 이렇게 더운 날에는 나오지 않으려 한단다."

사육사 아저씨가 대답했어요.

부엉이를 보러 간 케빈도 실망했어요. 부엉이들이 나뭇가지에 앉아 쉬고만 있었거든요.

"부엉이가 날아다니는 걸 보고 싶어요."

케빈은 마침 그곳에 있던 사육사 누나에게 말했어요.

"저런, 미안하지만 밤에 다시 오면 볼 수 있단다."

사육사 누나가 케빈에게 말해 주었어요.

집으로 돌아가기 위해 주차장으로 돌아온 세 아이는 동물원에서 있었던 일에 대해 이야기했어요. 수지가 자신 있게 말했어요.

"난 누가 가짜 직원인지 알 것 같아."

"누군데?"

제임스와 케빈이 놀란 목소리로 물었어요.

> **힌트** 동물에 대해 잘못된 지식을 알려 준 사람이 범인이다!

 수지는 어떻게 가짜 직원을 알아냈을까?

수지는 차분하게 이야기를 시작했어요.

"제임스는 북극곰 우리에 있는 사육사 아저씨에게 곰이 동굴 밖으로 나오게 해 달라고 부탁했어. 하지만 아저씨는 날씨가 너무 더워서 곰이 나오지 않을 거라고 했지. 맞아. 북극곰은 추운 데 사는 동물이라 따뜻한 날씨에 햇빛을 받으면 아주 위험할 거야. 그리고 케빈은 부엉이가 날지 않아서 실망했지? 하지만 부엉이는 사육사 누나의 말대로 야행성이야. 낮에는 잠을 자고 밤에 활동을 한다는 뜻이지. 사육사 두 분은 자신이 돌보는 동물에 대해 잘 알고 있었어. 하지만 동물원 안내를 맡고 있는 아주머니는 수상해. 박쥐를 찾으려면 새가 있는 우리로 가야 한다고 가르쳐 주었거든. 박쥐는 조류가 아니라 포유류잖아. 진짜 동물원 직원이라면 그걸 잘 알 텐데 말야."

수지의 이야기를 들은 아빠는 수지를 동물원 보안 요원에게 데려갔어요.

시대에 맞지 않는 음식은 무엇일까?

　수지네 반은 과학 시간에 빙하기인 '최신세'(플라이스토세라고도 한다)에 대해 배웠어요. 최신세 공부를 마치는 날에는 파티를 열기로 했지요. 파티의 이름은 '빙하기 음식 파티'였어요. 학생들 중 절반은 교실을 꾸미고, 나머지 절반은 음식을 가져왔어요. 모두 파티 주제인 빙하기에 어울리는 것들로 준비하기로 했어요.
　칠판에 동굴 벽화를 그린 수지, 카렌, 엠마는 교실을 돌아다니며 어떤 음식이 준비되었는지 확인해 보았어요.
　카렌은 붉은색 액체가 담긴 주스 병을 살펴 보았어요. 냄새를 맡아 보니 평범한 주스 같았는데, 확실하지는 않았어요. 보통 주스보다 걸쭉하고 따뜻했거든요.
　"이건 뭐야?"
　카렌이 재커리에게 물었어요.

"매머드 피야!"

재커리가 대답했지요.

"우웩!"

카렌이 토하는 시늉을 했어요.

"이 큰뿔사슴 고기 한 번 먹어 봐. 우리 아빠가 사냥꾼한테 얻은 진짜 사슴 고기야."

데렉이 말했어요.

"우웩!"

카렌이 또 토하는 시늉을 했어요.

옆 테이블에는 연어 냄새가 나는 음식이 있었어요. 연어라면 부드러울 텐데, 이 음식은 가죽처럼 질겨 보였어요.

"이건 뭐야?"

엠마가 카메론에게 물었어요.

"훈제 연어 말린 거야."

카메론이 대답했어요. 그리고 이렇게 덧붙였어요.

"훈제를 하면 고기를 오래 두고 먹을 수 있다고 배웠잖아. 기억나지? 이걸 몇 주 동안 놔둬도 똑같은 맛이 날거야."

"똑같이 맛없겠다는 뜻이겠지."

엠마가 투덜거렸어요.

수지는 피터의 테이블 앞에 멈춰 섰어요. 피터가 스테고사우루스 모양의 쿠키를 접시에 담고 있었어요. 마침 엠마도 카렌과 함께 수지 쪽으로 왔어요.

"드디어 먹을 만한 게 나왔네. 배고프긴 한데 음식들이 너무 역겨워서 싫지 않아?"

엠마가 말했어요.

"글쎄. 내가 먹지 않을 음식이 딱 하나 있긴 해. 역겨워서가 아니라 시대와 맞지 않기 때문이야."

수지가 말했어요.

"그게 뭔데?"

카렌이 물었어요.

힌트 음식과 관련해 등장한 동물 중 최신세가 아닌 다른 시대에 살았던 동물이 있다.

쥐라기·백악기

2억3천만 년 전   6천5백만 년 전

 스테고사우루스는 최신세 이전의 동물이다.

"쿠키를 좋아하긴 하지만, 스테고사우루스 쿠키가 여기에 있어선 안 된다고 생각해. 파티의 주제인 최신세와 어울리지 않거든. 공룡은 트라이아스기 후기부터 쥐라기를 거쳐 백악기까지, 즉 2억3천만 년 전에서 6천5백만 년 전까지 살았어. 즉 공룡은 최신세가 시작하기도 훨씬 전에 멸종되었다는 거지. 최신세는 겨우 1백8십만 년 전에 시작되어 1만 년 전에 끝났거든."

수지가 스테고사우루스 쿠키를 카렌의 입에 넣으며 말했어요.

빛 없이
살 수 있는 식물은?

"에이, 농담이지?"

헥토르가 말했어요.

"진짜야. 오늘 아침에 아빠가 말해 줬어. 개학을 앞두고 일주일 동안 학교에 전기가 나갔었대."

제임스가 말했어요.

겨울방학이 끝나고 개학하는 날이었어요. 제임스는 같은 반 친구 헥토르, 데이비드와 함께 학교로 걸어가고 있었어요.

"왜 그런 거야?"

"전력 시스템을 고치느라 내내 전기를 차단해야 했대."

어느덧 학교에 도착했어요. 공사가 잘 끝났는지 학교에 불이 들어와 있었어요. 그때 데이비드가 무언가를 생각해 냈어요.

"맞다! 우리 실험!"

세 사람은 방학 동안 학교 실험실에서 테라리엄 식물을 키우고 있었어요. 테라리엄은 유리병 안에 식물을 키우는 방법이에요. 병을 비추는 전등에는 자동 타이머가 달려 있어서, 정해 놓은 시간이 되면 저절로 불이 켜져요. 그러려면 물론 전기가 필요하지요.

　세 사람은 테라리엄 식물이 성장하는 데 빛이 미치는 영향을 관찰하는 중이었어요. 헥토르는 버섯을, 데이비드는 오이를, 제임스는 옥수수를 키우고 있었어요. 선생님은 이 실험이 성적에서 큰 비중을 차지할 거라고 하셨어요.

　"실험은 어떻게 되는 거지?"

　"처음부터 다시 해야 될 거 같아. 전등이 자동으로 켜지지 않았다면, 보나마나 식물이 죽었거나 거의 다 죽어 갈 거야."

　데이비드가 말했어요.

　"모든 식물이 그렇지는 않아. 빛이 없어도 괜찮은 식물이 있거든."

　제임스가 말했어요.

　"정말? 누구 것이 괜찮다는 말이야?"

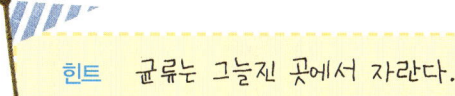
힌트　균류는 그늘진 곳에서 자란다.

 버섯은 빛이 없어도 자랄 수 있다.

"헥토르, 넌 운이 좋아. 버섯은 빛이 아주 약간만 있어도 자라. 그래서 버섯이 그늘진 장소에서 발견되는 거야."
제임스가 말했어요.

숨어 있는 곤충들을 불러내는 방법은?

"숙제로 벌레 채집을 하라고요?"

케빈이 물었어요.

"정확히 말하면 곤충 채집이야. 기어 다니는 작은 동물들이 모두 곤충은 아니란다. 곤충은 몸이 머리, 가슴, 배의 세 부분으로 나누어져. 곤충을 채집하면 자연의 다양성에 대해 배울 수 있을 거야."

선생님은 2학기 성적에 반영할 숙제를 아이들에게 내는 중이었어요.

"얘들아, 미루지 말고 숙제해라. 가을이 가고 날씨가 추워지면 곤충들이 죽기 시작한단다."

"어떤 곤충을 채집해야 되나요?"

케빈이 물었어요.

"무엇이든 괜찮아. 다른 종류의 곤충을 열 가지 채집해서 분류하면 돼. 그 후엔 선생님이 나눠 준 종이에 쓰여 있는 대로 표본을 만들렴."

"곤충은 어떻게 잡아야 하죠?"

모린이 물었어요.

"너희가 하고 싶은 방법으로 하면 돼. 단, 눌러서 잡으면 몸통이 부서지니까 조심해. 부서진 표본은 분류하기 어려워."

선생님이 대답했어요.

몇 주가 지났어요. 학생들은 점심시간마다 곤충 채집 숙제에 대해 이야기했어요.

"곤충 잡기가 이렇게 힘든 줄 몰랐어. 아빠랑 같이 습지에 갔는데 모기가 달려들어 내 피를 빨더라고. 그래서 모기를 잡았냐고? 아니, 지금까지 잡은 것이라고는 개미 몇 마리가 다야."

에릭이 말했어요.

"나도 마찬가지야. 앞마당에서 잡은 딱정벌레 두 마리랑 창틀에서 발견한 죽은 파리 한 마리가 전부야. 부모님이 사 주신 잠자리채를 들고 공원에 갔지만, 곤충은 한 마리도 못 잡고 채만 휘두르고 다녔어. 잡은 게 없는데 어떻게 분류를 하지?"

모린이 말했어요.

"그래? 난 우리 집 뒷마당에서 며칠 동안 곤충 열 종류를 다 잡았는걸."

케빈이 말했어요.

"어떻게?"

모린이 물었어요.

힌트 한밤중에 곤충들이 떼로 몰려드는
광경을 목격한 적이 있는가?

 곤충들이 빛을 향해 몰려드는 성질을
주광성이라고 한다.

"곤충이 제 발로 오게 할 수 있는데, 왜 힘들게 쫓아다니니?"

케빈이 자랑스러운 듯이 말했어요.

"뭐? 곤충이 너를 찾아왔다고?"

모린이 믿을 수 없다는 목소리로 말했어요.

"내가 한 것이라곤 밤에 현관 불을 켜 놓은 거밖에 없어. 곤충들은 빛을 보면 달려들거든. 너희들도 한번 해 봐. 나방, 딱정벌레, 모기 말고도 정말 많은 곤충들이 날아들어. 며칠만 하면 필요한 것보다 훨씬 많은 종류의 곤충을 잡을 수 있을 거야."

케빈이 대답했어요.

보지 않고
맞혀 보세요!

　수지의 생일날이었어요. 수지와 친구 몇 명은 생일잔치를 한 뒤에 생태 박물관을 찾아가 숲의 동물들에 대해 배우기로 했어요. 전시장의 안에는 개구리 몇 마리가 모래 위에 가만히 앉아서 천천히 숨을 쉬고 있었어요. 그 옆 칸에서는 뱀이 다른 뱀이나 바위 위를 기어 다녔어요. 또 다른 칸에는 태양을 대신해서 열을 내는 등이 켜져 있었어요. 따뜻하고 화창한 날씨를 흉내 내기 위해서예요. 그 칸에는 박제된 방울뱀이 바위 위에 웅크리고 있었어요. 그 외에 살아 있는 쥐와 토끼를 볼 수 있는 칸도 있었어요.

　"자, 지금부터 게임을 할 거예요. 동물을 보지 않고 만져서 알아맞히는 게임이에요. 누가 먼저 할래요? 오늘 생일인 학생부터 해 볼까요?"

박물관을 안내하는 선생님이 말했어요.

수지의 친구들이 웃으며 박수를 쳤어요. 다들 자기가 먼저 안 하게 되어 다행이라고 생각했어요.

"수지의 눈을 가리고 동물을 갖다 줄 거예요. 그걸 만지고서 무슨 동물인지 맞혀 보세요. 물지 않을 거니까 걱정 말아요. 혹시 문다고 해도 세게 물지는 않을 거예요. 만에 하나 세게 물어도 독이 없으니 괜찮아요."

선생님이 말했어요.

드디어 수지의 눈이 가려졌어요. 수지는 가슴이 두근두근했어요. 곧 무언가가 수지의 손끝에 닿았어요. 수지는 깜짝 놀라 손을 확 치웠지만, 부드럽고 건조하면서 따뜻한 느낌은 손끝에 남아 있었어요.

"뭔지 알겠어요. 선생님, 지금 장난치시는 거지요?"

수지가 말했어요.

"오, 눈치챘나 보네요? 그럼 답을 말해 보세요."

선생님이 말했어요.

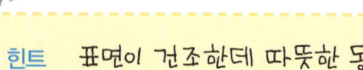

힌트 표면이 건조한데 따뜻한 동물이란?

 수지는 왜 선생님이 장난친다고
생각했을까?

수지는 눈가리개를 쓴 채 설명했어요.
"이건 쥐나 토끼처럼 걷거나 하늘을 나는 동물은 아니에요. 털이 없거든요. 뱀 같은 파충류나 개구리 같은 양서류는 털이 없어요. 하지만 그것도 아니에요. 파충류나 양서류는 냉혈동물이라 특별히 열을 쬐지 않는 이상 만지면 차갑거든요. 그런데 제가 만진 건 따뜻했어요. 선생님은 태양등 아래 있던 박제된 뱀을 갖고 와서 저한테 만지라고 하신 거예요."

정원에 잡초를 심은 범인은 누구일까?

"트레버, 이리 와!"

제임스가 소리쳤어요.

따스한 봄날이었어요. 제임스의 가족들은 공원에서 산책을 하고 막 돌아온 뒤였어요. 공원에는 개들이 뛰어놀 수 있는 덤불이 있었어요. 트레버는 다리도 짧고 몸집도 작은 비글 종 사냥개예요. 모처럼 공원에 왔으니 덤불에서 신 나게 뒹굴었지요.

공원에는 많은 꽃들이 활짝 피어났어요. 제임스의 가족들은 집 정원에도 식물을 심어야겠다고 생각했어요. 그래서 집으로 돌아오는 길에 늘 즐겨 심는 옥수수, 완두콩, 오이 씨앗을 샀지요. 정원의 축축한 땅을 파는 동안 트레버가 공원에서처럼 뒹굴기 시작했어요.

"개들은 원래 저런단다."

아버지가 제임스에게 말했어요.

"씨앗은 케빈과 내가 심을 테니, 트레버를 씻겨 주겠니?"

동생 케빈은 마당을 돌아다니면서 풀을 뜯었다가 다시 흙에다 던졌어요. 케빈이 그러고 있는 동안 제임스는 트레버를 씻겼어요.

몇 주가 지나자 정원에 변화가 생겼어요. 옥수수 싹이 올라오기 시작했고, 완두콩과 오이의 작은 이파리가 자라기 시작했어요. 그런데 어느새 잡초도 무성해졌어요. 제임스와 아버지는 열심히 잡초를 뽑아야 했어요.

"누가 씨앗을 뿌린 것도 아닌데, 어떻게 잡초가 자라게 됐을까요?"

제임스가 아버지께 중얼거리듯이 물었어요. 그때 갑자기 제임스의 머릿속에 한 가지 생각이 스쳤어요.

"아, 왜 그런지 알겠어요."

"그래? 어떻게 잡초들이 자란 거지? 케빈이 뽑아 던진 풀에서 자란 건가?"

아버지가 물었어요.

힌트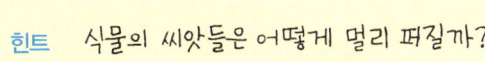
식물의 씨앗들은 어떻게 멀리 퍼질까?

 식물의 씨앗은 사람 옷은 물론
동물 털에도 달라붙는다.

"아뇨. 잡초는 풀에서 자라지 않아요. 씨앗에서 자라요. 트레버가 공원 덤불에서 뒹굴 때 잡초 씨앗들이 털에 붙었던 게 분명해요. 그런데 공원에서 돌아온 뒤 여기서도 뒹굴었잖아요. 그때 씨앗들이 트레버의 털에서 흙으로 떨어져 자란 거예요."

제임스가 말했어요.

과학 수수께끼 07

사라진 소라게는 어디에?

"과학 전시회에 온 걸 환영합니다. 금년엔 모든 학생들이 깜짝 놀랄 만한 소식을 준비했습니다. 이 지역 대학 교수님이 과학 전시회에 출품한 여러분의 과제들을 직접 심사할 겁니다."

교장 선생님의 목소리가 과학실 안에 울려 퍼졌어요.

"하지만 문제가 생겼습니다. 전시물 중 일부가 도난당했어요. 누가 훔쳤는지 알아내지 못하거나, 훔친 사람이 자백하지 않을 경우 과학 전시회는 취소될 겁니다."

과학실 여기저기서 끙 하고 앓는 소리들이 터져 나왔어요. 수지는 교장 선생님께 다가가 물었어요.

"무엇을 도난당했는데요?"

"에드워드가 출품한 과제 중에서 소라게 한 마리가 사라졌단다. 직접 가서 확인해 보렴."

교장 선생님이 말했어요. 에드워드가 내놓은 유리 상자 속에는 자갈, 모래, 바위, 조개껍데기, 잎사귀, 톱밥 등이 들어 있었어요. 소라게가 그 위를 두루두루 기어 다니고 있었어요.

"원래 소라게가 몇 마리 있었는데?"

수지가 몇몇 빈 소라게 껍데기들을 뒤집으며 물었어요.

"일곱 마리 있었어. 소라게가 들어 있는 껍데기에는 숫자를 써 놓았고. 하지만 5번 껍데기 속의 소라게가 사라진 걸 보니, 누군가가 꺼내 간 것 같아."

에드워드는 5번 껍데기를 들어 올려 빈 속을 보여 주었어요.

"번호가 씌어 있지 않은 껍데기들은 어디에 쓰는 거야?"

"그냥 장식용이야."

"에드워드, 소라게를 애완동물로 키운 적 있니?"

"없어."

에드워드의 대답을 들은 수지가 말했어요.

"과학 전시회는 취소되지 않을 거예요. 사라진 소라게가 어디 있는지 알아냈습니다."

> **힌트** 수지는 왜 에드워드에게 소라게를 키워 본 적이 있냐고 물었을까?

 소라게는 도둑맞은 것일까?
아니면 스스로 나간 것일까?

"어디에 있는 거야?"

에드워드가 물었어요.

"넌 소라게를 애완동물로 키우지 않아서 잘 모를 수도 있어. 소라게는 몸집이 커지면 껍데기를 버리고 나와. 그리고 큰 몸집에 맞는 새로운 껍데기를 찾아 들어가지. 아마 5번 소라게도 다른 장식용 빈 껍데기들 중 하나로 옮겨 갔을 거야."

모두들 장식용 껍데기 속을 살펴 보았어요. 수지의 말대로 그 중 하나에 사라진 소라게가 들어 있었어요.

작은 뱀인가, 큰 지렁이인가?

"조심해!"

제임스가 소리쳤어요.

"뭘?"

매기가 물었어요.

"발 앞에 그거 밟지 마!"

제임스가 말했어요.

"으악, 징그러!"

매기가 발을 들어 올리며 말했어요. 땅에는 미끈미끈하고 길며 두꺼운 고무 끈 같은 것이 놓여 있었어요.

쉬는 시간이었어요. 아이들은 운동장으로 나가 놀이터를 따라 걷던 중이었어요. 매기가 끈 같은 것을 밟으려는 찰나에 제임스가 말렸지요. 그건 끈이 아니라, 길고 표면이 조금 쪼글쪼

글한 동물이었어요. 20센티미터 정도 되는 뱀 같기도 하고, 지렁이 같기도 했어요.

아이들이 웅성거리며 모여 있자 선생님이 다가왔어요.

"무슨 일이니?"

"하마터면 죽은 뱀을 밟을 뻔했어요!"

선생님은 막대기를 들고 그것을 쿡 찔러 보았어요.

"작은 뱀일 수도 있고, 아니면 큰 지렁이일지도 모르겠구나."

선생님이 말했어요.

"그냥 여기 버려두고 가요. 너무 징그러워요."

매기가 말했어요.

"그건 안 돼. 이게 뱀이라면 근처에 더 많은 뱀이 있을 수도 있어. 교장 선생님한테 말씀 드려서 전문가를 불러 조사해야겠다. 그때까진 운동장에서 놀지 마라."

"선생님, 제가 이게 뭔지 알아낼 수 있을 것 같아요. 더 자세히 관찰해도 되죠?"

제임스가 말했어요.

"그래, 죽었으니까. 그런데 어떻게 알 수 있지?

 힌트 뱀과 지렁이의 다른 점은 무엇인가?

 **뱀에게도 척추가 있다!**

아이들은 막대기로 죽은 동물을 들어서 과학실로 가져왔어요. 제임스는 해부용 칼을 가지고 동물의 몸통을 세로 방향으로 길게 갈랐어요.

"선생님. 운동장을 폐쇄할 필요는 없어요. 이건 뱀이 아니에요. 척추가 없더라구요. 뱀은 척추동물이거든요. 척추가 없는 걸 보니 그냥 큰 지렁이에요. 지렁이는 무척추동물이니까요."

제임스가 말했어요.

수지가 다녀온
수목원은 어디일까?

"농장에 빨리 가 보고 싶어. 하지만 다 함께 숙제를 할 수 없는 게 유감이야."

수지가 제일 친한 친구인 카렌과 마리아에게 말했어요.

"선생님은 정말 너무하셔! 우리를 떼어 놓다니."

카렌이 말했어요.

수지네 반은 나무에 대해 공부하고 있어요. 카렌, 수지, 마리아는 무엇이든 같이하는 단짝 친구들이에요. 하지만 이번 숙제만은 서로 다른 나무를 조사해서 어디에 쓰이는지 알아내야 하지요.

세 사람은 각각 사과 과수원, 배 과수원, 크리스마스 트리 농장으로 갔어요. 물론 보고서도 각자 따로 썼지요.

드디어 숙제를 내는 날이 되었어요. 과학 시간을 알리는 종이

울렸어요. 아이들은 교실로 들어가면서 자신이 쓴 보고서를 서로 보여 주었어요.

같은 반 친구인 이안이 교실로 오다가 세 사람을 보았어요. 이안은 선생님께 늘 칭찬 받는 세 친구들을 질투했어요. 마침 수지의 보고서 표지에 나뭇잎이 붙어 있지 않은 것을 발견한 이안은 수지를 약 올려 주기로 했어요. 선생님은 분명히 표지에 나뭇잎을 붙이라고 말씀하셨거든요.

"흠, 너희 세 사람 모두 이번 보고서로 A를 받긴 틀렸구나. 왜 선생님 말씀대로 안 했니? 우아! 수지! 보고서 표지에 나뭇잎을 안 붙였잖아. 설마 이쑤시개를 붙여 놓은 거야?"

이안이 놀리듯 말했어요.

"내가 숙제를 제대로 안 했다고? 이건 이쑤시개가 아니야. 이걸 보고 내가 어디를 다녀왔는지 정도는 알아야지!"

수지가 당당하게 말했어요.

힌트 세 친구가 각자 방문한 장소가 어디인지 잘 살펴보자.

 침엽수와 활엽수의 나뭇잎은 어떻게 다른가?

"난 크리스마스 트리 농장에 다녀왔어. 크리스마스 트리는 일 년 내내 푸른 상록수를 사용하지. 상록수는 침엽수라서 잎사귀가 넓지 않고, 바늘처럼 가늘고 뾰족해. 내 보고서 표지에 붙어 있는 게 '이쑤시개'라고? 잘 봐. 사실은 가느다란 바늘 모양의 잎사귀야."

수지가 설명했어요.

"수지 말이 맞아."

카렌이 맞장구를 쳐 주었어요.

"그리고 카렌이랑 내 보고서에도 나뭇잎이 있어. 우리는 사과

나무와 배나무를 관찰했어. 둘 다 활엽수이기 때문에 넓은 잎사귀를 갖고 있어. 그래서 그 잎사귀로 예쁜 보고서 표지를 만들었지."

마리아도 한몫 거들었어요.

'아기 나비'의 정체는?

케빈은 과학 성적을 조금만 올리면 A를 받을 수 있답니다. 케빈의 부모님은 첫 학기에 A를 받으면 축구 경기에 데려가 주겠다고 약속하셨어요. 하지만 채점 기간이 거의 끝났다는 게 문제였지요.

"어떻게 하면 점수를 올릴 수 있어요?"

케빈이 선생님에게 물었어요.

"추가 과제를 하면 돼. 우리가 공부했던 '곤충의 변화'에 대한 예시를 찾아 봐. 그걸 과제로 제출하면 3점을 더 받을 수 있어. 그럼 점수가 B에서 A로 올라갈 수 있단다."

선생님이 말했어요.

그날 오후 뒷마당에 간 케빈은 회색빛 날개를 가진 작은 곤충을 발견했어요.

"아기 나비다. 다 자라기 전까지는 화려한 색깔을 띠지 않는가 봐."

케빈은 그렇게 말하면서 곤충을 병에 넣었어요. 병 속의 곤충이 살아 있으려면 공기가 통해야 해요. 그래서 뚜껑 대신 방충망으로 입구를 막고 '아기 나비'라고 써서 이름표를 붙였어요.

이튿날 케빈은 과제를 제출했어요. 검사를 마친 선생님은 밖에 나가 풀어 주라고 했어요. 작은 곤충은 회색 날개를 파닥이며 날아갔어요. 그런데 다음 날 확인해 보니 아직도 성적은 여전히 B였어요. 케빈은 선생님에게 항의했어요.

"추가 과제를 냈는데, 왜 성적이 그대로예요?"

"미안하지만 잘못된 과제에 점수를 줄 수는 없단다. 그건 아기 나비가 아니었어."

선생님이 말했어요.

"그걸 어떻게 알아요?"

케빈이 물었어요.

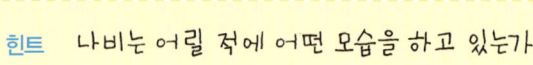
힌트 나비는 어릴 적에 어떤 모습을 하고 있는가?

 작은 나비는 '아기 나비'일까, 아닐까?

"나비가 알을 낳으면, 알이 부화해서 애벌레가 돼. 애벌레는 다시 번데기로 변해. 그리고 어느 정도 시간이 흐르면 번데기에서 다 자란 나비가 나와. 이런 과정을 '한살이'라고 한단다. 그리고 애벌레에서 번데기로, 번데기에서 나비로 변하는 것을 '변태'라고 해. 나비는 번데기에서 나올 때 이미 완전히 자란 상태야. 그러니 '아기 나비'란 건 없어. 네가 잡은 건 몸집이 작은 나방이란다. 나방도 나비와 비슷한 한살이를 가지지만 대부분 어

두운 색깔이거든."

 케빈은 크게 실망했어요. 하지만 다행히도 선생님이 아직 기회가 있다는 걸 알려 주었어요.

 "추가 과제를 할 시간은 아직 남았으니 다른 예를 찾아 봐. 다시 제출하면 점수를 A로 올릴 수 있단다!"

연못의
물고기들을 지켜라!

"어항을 설치하는 것보다 뒷마당에 연못을 만드는 게 훨씬 힘들어."

케빈이 형 제임스에게 말했어요.

연못을 만들기 위해 구덩이를 파는 건 어려운 일이에요. 케빈과 제임스는 아빠와 함께 구덩이를 파고, 바닥을 자갈로 덮은 후 물을 채워 넣었지요. 이제 물고기를 넣기만 하면 멋진 연못이 될 거예요.

하지만 생각지도 못한 문제가 생겼어요. 수족관의 주인 아저씨가 주의를 줬거든요.

"너구리, 스컹크, 새들이 연못에 달려들 거야. 연못을 자기네 식당으로 여길 수도 있어. 아무 때나 와서 물고기를 잡아먹을 수 있잖아."

제임스가 케빈에게 말했어요.

"그 아저씨 말이 맞아. 이 근처에서 너구리를 본 적이 있어. 고약한 스컹크의 냄새도 맡은 적 있고, 까마귀도 매일 깍깍거리며 날아다니잖아."

"맞아. 그래서 좋은 생각이 하나 떠올랐어. 연못을 이걸로 덮는 거야!"

케빈이 제임스에게 투명한 플라스틱 한 장을 보여 주었어요. 연못을 다 덮을 만큼 컸어요.

"플라스틱은 투명하니까 이걸로 덮어도 연못을 들여다볼 수 있어. 하지만 물고기를 잡아먹으려는 동물들은 이 막 때문에 실패할 거야. 이걸 알맞은 크기로 잘라서 연못 위에 올려놓기만 하면 돼."

케빈의 계획을 들은 제임스는 고개를 저었어요.

"내 생각은 달라. 수족관 아저씨와 좀 더 상의해 보는 게 좋겠어. 플라스틱 막을 덮으면 더 큰 문제가 일어날 수도 있거든."

"무슨 뜻이야?"

케빈이 물었어요.

힌트 물고기의 아가미는 무엇에 사용되는 기관인가?

 물고기도 숨을 쉰다!

"물고기도 우리처럼 산소가 필요해. 호흡할 때 아가미로 물에 녹아 있는 산소를 빨아들이거든. 연못 위를 플라스틱 막으로 덮으면 공기 중의 산소가 물에 녹아들기 어려워. 그랬다간 물고기가 산소 부족으로 죽을 수도 있어."

제임스가 대답했어요.

과학 수수께끼 12

개털인가, 머리카락인가?

"이게 뭐야?"

카렌이 마리의 방으로 뛰어 들어오며 물었어요.

마리가 일어나기에는 너무 이른 아침이었어요. 하지만 카렌은 아침에 샤워하고 머리 손질을 하기 때문에 늘 마리보다 일찍 일어났어요. 다갈색 빛이 도는 금발 머리를 헤어드라이어로 말리고 곧게 펴기 위해서였지요.

마리의 머리는 카렌보다 검고 훨씬 짧아요. 때문에 머리를 감고 빗거나 말리는 데 신경을 덜 써도 되지요. 게다가 마리는 멋 부리는 것보다 과학 도구로 실험하거나, 현미경을 들여다보거나, 공상과학소설 읽는 걸 더 좋아하거든요.

"왜? 무슨 일이야?"

마리가 눈을 게슴츠레 뜨며 되물었어요.

"이거!"

카렌이 마리의 눈앞에 머리빗을 흔들며 말했어요.

"언니 머리빗이잖아."

마리가 귀찮다는 듯이 침대에서 한 바퀴 구르며 투덜거렸어요. 긴 털을 가진 닥스훈트 종인 맥스가 옆에서 으르렁거렸어요. 맥스는 카렌과 마리가 함께 기르는 개예요. 맥스도 이른 시간에 들이닥친 카렌이 마음에 들지 않는 눈치였어요.

"이걸로 맥스의 털을 빗겼지, 그렇지?"

카렌이 따지듯 물었어요.

"왜 그렇게 생각하는데?"

"여기 내 머리카락 같지 않은 게 있어. 색깔이 달라. 맥스의 털이랑 더 비슷해."

"5분만 더 자게 해 주면, 그게 맥스의 털이 아니라는 걸 증명해줄게."

마리가 이불을 뒤집어쓰며 말했어요.

"정말? 어떻게?"

카렌은 궁금한 걸 참으며, 마리를 5분만 더 자게 해 주었어요.

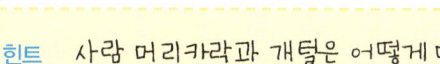
힌트 사람 머리카락과 개털은 어떻게 다른가?

 현미경 렌즈로 보면 아주 작은 차이도 명확해진다.

마리는 자고 난 뒤 아무것도 묻어 있지 않은 깨끗한 빗을 가져왔어요. 그것으로 카렌의 머리를 빗기자 머리카락 몇 개가 빗에 붙었어요. 마리는 그것을 현미경 렌즈 아래에 놓았어요.

"언니, 여기 머리카락을 잘 봐. 모두 다 같은 색깔은 아니야. 하지만 표면의 질감이랑 무늬는 같아."

카렌은 현미경을 들여다보며 자신의 머리카락을 확인했어요. 나무껍질처럼 자잘한 무늬가 보였어요. 마리가 손가락으로 맥스의 털을 잡아당기더니, 뽑힌 개털 몇 가닥을 현미경 재물대에 놓았어요.

"현미경으로 보면 개털은 머리카락과 달라. 질감도 무늬도 다르지? 색깔도 훨씬 어두워. 그리고 달걀형 알갱이들이 모여서 이루어져 있어."

카렌은 개털에 대한 마리의 설명을 들으며 현미경을 들여다보았어요.

"그럼, 이제 언니 빗에 붙어 있던 게 뭔지 확인해 보자고."

마리는 카렌이 의심한 털 중 한 가닥을 현미경으로 들여다 보았어요. 그것은 맥스의 털이 아니라 카렌 자신의 머리카락이었어요.

"증거도 없이 맥스를 의심했지? 과학적인 결론을 내리려면

반드시 현미경 관찰이나 실험 등으로 검증해야 하는 거야."
마리가 말했어요.

2장
행성의 진실을 찾아라

그림자가 삼킨
귀고리는 어디에?

"이곳에 떨어진 게 확실해?"

제니가 물었어요.

"당연하지."

카렌이 말했어요.

햇볕이 따스하고 맑은 어느 날이었어요. 운동장 구석에서 친구 몇 명이 카렌을 둘러싸고 있었어요. 카렌은 친구들에게 귀고리를 떨어뜨렸을 때의 상황을 자세히 설명했어요.

"쉬는 시간이 끝나는 종이 울렸을 때 여기 서 있었거든."

"오전 열 시쯤 말이지?"

"맞아."

빅토리아가 묻자 카렌이 대답했어요.

지금은 쉬는 시간인 오후 2시예요. 몇 분만 지나면 오늘의 마지막 수업이 시작될 거고, 방과 후 운동장은 축구 연습을 하는 학생들로 가득 차게 될 거예요. 학생들이 운동장을 어지럽게 밟고 다니면 카렌의 귀고리를 찾기는 더욱 어려워지겠지요.

"그때 상황을 좀 더 자세히 얘기해 봐."

"바로 여기 서서, 머리에 묻은 먼지를 털려고 고개를 흔들었는데 귀고리가 머리 그림자가 있는 곳으로 떨어진 거야. 하필 그때 수업 시간 종이 울려서 제대로 찾지 못했어."

여자 아이 몇 명이 카렌의 머리 그림자가 드리워진 자리를 더 찾아보기로 했어요. 그중 한 명이 수지를 불렀어요.

"수지, 너도 이쪽으로 와서 찾는 걸 돕지 그래?"

수지는 카렌의 그림자가 있는 쪽이 아니라 그 옆에 조금 떨어진 곳을 훑어보고 있었어요. 해가 환하게 비추는 곳이었어요.

"왜 그쪽으로 가야 돼? 여기서 귀고리를 찾았는걸."

수지가 대답하며 귀고리를 집었어요.

"어, 이상해. 귀고리는 분명히 내 머리 그림자 위로 떨어졌어. 그리고 내 그림자는 바로 여기 있잖아. 어떻게 된 거야?"

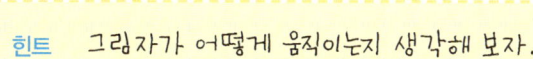

힌트 그림자가 어떻게 움직이는지 생각해 보자.

 수지는 어떻게 귀고리를 찾았을까?

"귀고리가 움직인 게 아니라, 그림자가 움직인 거야. 해시계를 생각해 봐. 시간이 지나면 시곗바늘 그림자도 움직여. 지금은 오후 두 시야. 그사이에 카렌의 그림자도 움직였겠지? 그래서 오전 열 시의 그림자와 오후 두 시의 그림자는 위치가 달라. 지구가 자전하기 때문에, 해는 동쪽에서 떠서 서쪽으로 져. 그

10시　　　　　　　　　　　　2시

림자는 그와 반대로 서쪽에서 동쪽으로 움직이지. 이것은 해시계나 시계의 바늘이 움직이는 방향이기도 해."

수지가 말했어요. 그리고 귀고리를 어떻게 찾게 되었는지 덧붙여 알려 주었어요.

"오전 열 시와 오후 두 시는 정오를 기준으로 두 시간 전과 후야. 그림자 길이는 같지만, 방향은 남쪽을 기준으로 정반대지. 난 오전 열 시에 카렌의 그림자가 있었던 곳을 뒤져 귀고리를 찾은 거야."

왜 철교만 얼었을까?

늦겨울이었어요. 며칠 동안 날씨가 맑고 따스하다 싶더니 갑자기 기온이 뚝 떨어졌어요. 비가 그친 뒤라 수업을 마치고 집으로 가는 길이 더 춥게 느껴졌지요. 아직 대기 중에는 쌀쌀한 안개가 남아 있었어요.

제임스와 헥토르는 은행 앞에서 반짝거리는 시계 전광판을 쳐다보았어요. 한쪽에 기온 표시가 '32°F(화씨 32도), 0℃(섭씨 0도)'라고 나와 있었어요. 어느새 얼음이 얼 정도로 기온이 떨어져 있었어요. 두 사람은 간식을 사 먹었어요. 추운 길을 걸으려면 무언가 먹고 몸을 따뜻하게 해야 하거든요.

두 사람은 물구덩이를 절벅절벅 걸으며 철교 쪽으로 갔어요. 철교 아래에는 큰 강이 흐르고 있어요. 철교는 길이가 몇 백 미터에 이르는 긴 다리예요. 철교에는 기차가 다니는 철로 옆으로 좁은 인도가 있어요. 제임스와 헥토르는 학교를 오갈 때 거의 매일 그 길을 지나가요. 기차가 지나갈 때 철교를 건너는 것은 좀 무섭지만, 다른 길로 가면 10분도 넘게 더 걸어야 해요.

"오늘은 먼 길로 돌아가야 할 것 같아. 빗물이 얼어서 철교 길이 미끄러울 거야."

제임스가 말했어요.

"여기까지 오면서 얼어 있는 길은 하나도 없었잖아. 그냥 좀 젖어 있는 정도겠지."

헥토르가 대답했어요.

결국 두 사람은 철교 위를 걷게 되었어요. 그런데 헥토르가 빙판에 미끄러져 넘어지고 말았어요.

"거 봐라. 안 다쳤어?"

헥토르가 일어나는 걸 도와주면서 제임스가 조금은 놀리듯이 물었어요.

"어, 괜찮아. 지금까지 언 곳이 없었는데, 넌 이 길이 얼었을 거라는 걸 어떻게 알았니?"

헥토르가 멋쩍게 웃으며 물었어요.

 철교 위의 길과 일반 흙길의 차이는 무엇일까?

 흙은 태양열을 품고 있기 때문에
금방 얼지 않는다.

"지구는 태양으로부터 열을 흡수했다가 다시 내뿜는데, 보통은 땅이 그 역할을 해. 기온이 갑자기 영하로 내려가도 땅이 열을 뿜어 주니까 길은 한동안 얼지 않아. 그래서 우리가 철교에 도착할 때까지 걸어온 길도 얼지 않았던 거야. 하지만 철교에는 그런 역할을 해 줄 흙이 없어. 공기만 있기 때문에, 기온이 영하로 내려가면 철교의 표면은 바로 얼어 버려."

제임스가 말했어요.

시간이 일그러지는 마법의 정체를 밝혀라!

"와! 드디어 도착했다. 지겨워 죽는 줄 알았어."

비행기가 캘리포니아에 착륙하자 수지가 불평하며 말했어요.

수지네 가족은 뉴욕을 떠나 5시간이나 비행기를 탔어요. 착륙하니 밤 8시가 지나고 있기에, 공항에서 가방을 챙긴 후 렌터카를 타고 바로 호텔로 갔지요.

수지네는 캘리포니아 북부로 휴가를 온 길이었어요. 모두들 다음 날 있을 고래 구경을 잔뜩 기대하고 있었어요. 고래 구경을 마치고 나면 아버지는 골프를 치러 갈 예정이었어요. 어머니는 해안을 따라 드라이브를 하고 싶어 했고, 케빈은 해달 구경을 가고 싶어 했어요.

호텔 방에 들어가니 9시 30분이었어요. 오늘은 금요일 밤이죠. 수지는 금요일 밤이면 기분이 좋아져요. 토요일 아침에는 학교에 가지 않으니까 일찍 일어나지 않아도 되거든요. 토요일이면 아침 9시나 10시까지 늦잠을 자요.

"엄마, 고래 견학 배는 몇 시에 떠나요?"

수지가 물었어요.

"9시란다. 아마 내일 아침 8시쯤 출발해야 할 것 같다."

어머니가 대답했어요. 그러자 수지가 말했어요.

"이런, 그럼 늦잠을 못 자잖아요."

"아니, 넌 보통 금요일처럼 그냥 늦게까지 자도 돼."

어머니가 말했어요.

"그럼 배를 놓치잖아요."

수지가 자명종을 맞추면서 말했어요.

"그런 걱정은 안 해도 된단다."

이번에는 아버지가 말했어요. 잠시 생각하던 수지는 "아, 무슨 뜻인지 알겠어요."라고 말했어요.

"무슨 말이야?"

궁금해진 케빈이 물었어요.

 미국은 땅이 넓기 때문에 같은 나라 안에서도 시차가 있다.

 시각은 동쪽으로 시간대를 한 개 넘을 때마다
한 시간씩 빨라진다.

"동해안과 서해안 사이에는 세 시간의 시차가 있어. 이곳은 동부보다 세 시간이 더 빨라. 그 말은 뉴욕이 정오일 때 캘리포니아는 아침 아홉 시라는 뜻이야. 하지만 우리의 몸은 한동안 동해안 시간대로 움직여. 그러니까 내가 뉴욕에서처럼 아침 열

캘리포니아
7시

뉴욕
10시

시까지 잔다고 해도, 여기 캘리포니아에서는 아침 일곱 시밖에 안 돼. 왜냐하면 우리가 탄 비행기가 표준 시간대들을 몇 개 지나면서 무려 세 시간 앞으로 날아왔으니까. 동쪽으로 시간대를 한 번 넘을 때마다 한 시간씩 빨라지거든."

하늘에서 가장 크게 보이는 별

선생님이 숙제 설명서를 나누어 주었어요.

"다음 주에는 아무 시간대나 선택해서 하늘에서 가장 크게 보이는 별을 관찰해라."

숙제를 제출하는 날이 다가오자, 친구들은 방과 후에 모여 자신들이 관찰한 것에 대해 이야기했어요. 샘이 말했어요.

"쌍안경으로 밤하늘을 보았지만, 특별히 큰 별을 찾기는 힘들었어. 그래서 그냥 북극성을 골라서 관찰했지. 북극성이 제일 큰 별인지는 모르겠지만, 적어도 쉽게 찾을 수는 있거든."

"나는 인터넷에서 조사를 좀 해 봤어. 베가(직녀성)가 굉장히 밝은 별이라고 나와 있었어. 밤하늘에서 간신히 그 별을 찾아냈지만, 베가가 하늘에서 제일 큰 별인지는 알 수 없었어."

"어렸을 때 선물 받은 망원경으로 오리온자리를 찾아냈어. 허

리띠를 두른 사냥꾼같이 생긴 별자리, 너희도 알지? 그중에서도 허리띠에 있는 별인 민타카를 골랐어. 다른 별들과 비교했을 때 민타카가 좀 더 커 보였지만, 그게 가장 크게 보이는 별인지는 잘 모르겠더라."

헥토르와 데이비드도 말했어요.

"너희들 모두 제대로 살펴보지 않은 것 같아. 어떻게 그 별을 놓칠 수 있지?"

제임스가 말했어요.

힌트 선생님은 '하늘에서 가장 큰 별'이 아니라 '하늘에서 가장 크게 보이는 별'을 관찰하라고 했다.

 별은 밤에만 보이는 것이 아니다.

"아니야. 천문대에 가지 않고 우리가 할 수 있는 한에서 최대한 자세히 살펴봤어."

"그렇다면, 너희 모두 선생님이 나눠 준 숙제 설명서를 자세히 살펴보지 않았구나."

제임스가 말했어요.

"설명서에 뭐라고 써 있는데?"

데이비드가 다시 물었어요.

"잘 생각해 봐. 설명서에는 아무 시간대나 골라서 별을 관찰

하라고 되어 있었지, 밤에만 관찰해야 한다고는 씌어 있지 않아. 하늘에서 제일 크게 보이는 별은 바로 저기 있어."

제임스는 태양을 가리키며 말했어요.

"아차, 그걸 미처 생각 못 했네. 태양이 있었지!"

데이비드가 아쉬운 표정을 지으며 말했어요.

"태양은 태양계에서 유일한 항성, 즉 별이야. 지구에서 제일 가까운 별이기도 해. 지구에선 가장 크게 보이는 별이지만, 우주 전체에 흩어져 있는 별들 중에서는 중간 정도 크기야. 하지만 조심해. 맨눈으로 보면 눈이 상할 수 있으니까."

제임스가 말했어요.

우주 영화 촬영에서 발생한 옥의 티는?

"여기는 우주! 최종 경계 지역이다!"

제임스가 말했어요.

"무한대와 그 너머를 향해!"

헥토르가 소리쳤어요.

"휴스턴 나와라! 문제가 생겼다!"

데이비드가 외쳤어요.

제임스와 친구들은 과제로 우주 영화를 찍고 있었어요. 수지는 세 사람의 연기를 지켜보면서, 꽤 잘한다고 생각했어요.

수지는 동생 제임스와 친구들의 연기를 비디오로 찍었어요. 촬영 장소는 헥토르네 거실이었어요. 헥토르, 제임스, 데이비드는 거실의 한 부분을 우주선 내부처럼 꾸미고 각자 다양한 전자 장치 부품을 가져왔어요. 자신들 뒤에 있는 벽과 접이식 의자를 알루미늄 호일로 싼 뒤에, 미래 분위기를 풍길 수 있도록 옷에 장식을 달았어요.

영화 속에서 세 사람은 지구가 소행성에 충돌하지 않도록 돕는 일을 했어요. 모두들 손잡이와 조명이 가득한 제어반 뒤에서 안전띠에 몸을 묶고 앉았어요. 세 사람은 컴퓨터 화면을 보다가 소행성을 발견했고, 헤드셋의 마이크로 지구에 경고를 보냈어요. 그리고 재빨리 레이저 광선을 쏴서 소행성을 파괴하는 데 성공했지요. 마지막엔 오렌지 주스를 잔에 따라 건배하면서 자신들의 성공을 축하했어요.

촬영을 끝낸 후, 텔레비전을 통해 영상을 재생해 보았어요. 영화가 꽤 잘 만들어졌기에 모두 만족하며 기뻐했어요.

"하지만 내가 너희들이라면 딱 한 가지를 고쳤을 거야."

수지가 말했어요.

"그게 뭔데?"

제임스가 물었어요.

 힌트   무중력 상태에서는 어떤 현상들이 벌어지는가?

우주에는 중력이 없기 때문에
액체를 잔에 따를 수 없다.

"주스를 따르는 마지막 장면에 문제가 있어. 우주 공간에서 주스를 따르면 사방으로 방울방울 흩어져 버려. 주스를 한곳으로 끌어당기는 중력이 거의 없거든! 그래서 우주 비행사들은 음료수를 컵에 따라 먹지 않아. 음료수 주머니에 꽂힌 관을 통해 빨아먹지. 마지막 부분을 다시 촬영하면 어떨까?"

수지가 말했어요.

지도를 보지 않는 남자는 피곤해

"형, 정말 가는 길을 알고 있는 거야?"

데이비드가 물었어요.

"당연하지. 내가 운전하면서 길 잃어버리는 거 봤어?"

데이비드의 형인 크리스토퍼가 대답했어요.

"아니."

데이비드가 마지못해 인정했어요.

하지만 조수석에 어른이 타지 않고 크리스토퍼가 운전하는 것은 이번이 처음이에요. 두 사람은 데이비드가 하키를 배울 스케이트장에 가는 중이에요. 크리스토퍼가 야간 운전 연습을 하겠다며 데이비드를 데려다 주겠다고 나섰어요. 야간에는 별로 차가 많지 않기 때문에 위험하지는 않아요.

스케이트장이 생긴 지 얼마 되지 않아서 찾아가는 길을 잘 몰랐어요. 그런데 크리스토퍼는 지름길을 알아냈다며 한적한 외곽도로를 달리기 시작했어요. 집이 많지 않고 가로등이 없는 들판을 가로지르다 보니 도로가 어두웠어요.

"어둡다. 앞이 잘 안 보여. 어떤 길로 빠져나가야 할지 확실히 아는 거야? 샛길은 다 비슷해서 헷갈려."

데이비드가 말했어요.

"걱정 말라니까."

"형, 마지막으로 스케이트장까지 운전해서 간 게 언제야?"

"2주 전이야. 그날 밤 보름달이 떴어. 달빛이 환해서 길 찾기도 쉬웠어. 오늘도 날씨가 흐리지 않으니 곧 달이 뜰 거야. 그때 어디서 빠져나갈지 판단하면 돼."

"아무래도 스케이트장에 전화해서 물어보는 게 좋을 것 같아."

"어째서?"

크리스토퍼가 물었어요.

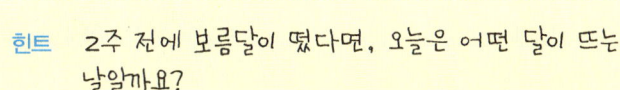
힌트 2주 전에 보름달이 떴다면, 오늘은 어떤 달이 뜨는 날일까요?

 보름달이 줄었다가 차오를 때까지는
약 한 달이 걸린다.

"지구는 태양 주위를 돌고, 달은 지구 주위를 돌아. 이렇게 태양, 지구, 달의 위치가 늘 변하기 때문에, 지구에서 보이는 달의 모습도 늘 달라져. 보통 보름달이 점점 작아졌다가 다시 커져서 보름달이 되려면 $29\frac{1}{2}$일이 지나야 돼. 그러니까 형이 2주 전에 보름달을 봤다면, 오늘 밤에는 초승달을 보게 된다는 뜻이야. 달이 떠도 너무 작아서 달빛이 거의 비치지 않을 거야."

보름달   상현달   초승달

수상한 온천 직원의 정체를 밝혀라!

제임스네 식구들은 온천 관광지로 휴가를 떠났어요. 실외 스케이트장에서 스케이트를 탔고, 말이 끄는 썰매를 타고 눈 속을 헤치며 달리기도 했어요. 잠자리에 들기 전에 모두 온천탕에 가서 하루의 피로를 풀기로 했어요.

제임스는 땅에서 물이 부글부글 솟아나는 곳으로 다가갔어요. 뜨거운 물에서 김이 솔솔 올라오고 있었어요. 표지판에 물 온도가 41℃라고 쓰여 있었어요. 그 물은 다시 물 온도가 37℃로 표시된 다른 탕으로 흘러 내려갔어요.

한 남자가 제임스 쪽으로 다가와서 땅에서 솟아나는 온천물을 작은 유리 용기에 담았어요. 가슴에 단 이름표에는 '찰리'라고 쓰여 있었어요.

"뭐하시는 거예요?"

제임스가 궁금함을 참지 못하고 물어보았어요.

"염소 수치를 검사하고 있는 거야."

남자가 대답했어요.

남자가 사라진 후 무언가를 골똘히 생각하던 제임스가 아버지에게 말했어요.

"이곳 관리자에게 저 아저씨가 수상하다고 얘기해야 할 것 같아요. 저 아저씨는 여기 직원인 척하면서 거짓말을 하고 있어요. 탈의실에서 다른 사람의 지갑을 훔치려고 돌아다니는 도둑일지도 몰라요."

"왜 그렇게 생각하지?"

아버지가 물었어요.

힌트 수영장에서 나는 소독약 냄새가 온천물에서 나지 않는 이유는 무엇인가?

 수영장의 수돗물은 살균 처리를 위해
염소로 소독한다.

"온천물은 염소 소독 없이 땅속에서 나온 물을 바로 사용해요. 이곳 직원이라면 그 정도는 알고 있을 거예요."

제임스가 말했어요.

"그래, 맞다. 염소는 수돗물을 소독하는 데 쓰는 거야. 수영장에서는 세균을 죽이기 위해 수돗물에 더 많은 염소를 넣지. 아까 그 남자는 정말 수상하구나. 관리자에게 말해야겠다."

아버지가 말했어요.

모래성을 부순 범인은 누구인가?

　수지와 제임스, 그리고 막내 케빈이 부모님과 함께 해변에 도착했어요. 해는 이미 태평양 위로 기울고 있었어요.

　몇몇 사람들은 의자와 우산을 접고 짐을 챙기고 있었어요. 벌써 숙소로 돌아가려나 봐요. 하지만 수지의 부모님은 잠깐이라도 해변에 머물다 가기로 했어요. 휴가 첫날 반드시 해변에 가겠다고 케빈과 약속했기 때문이에요.

　바다를 향해 경사진 모래사장의 아랫부분은 색깔이 더 짙었어요. 마치 바닷가를 따라 짙은 띠를 두른 것 같았어요. 부모님은 그 띠를 지나 위쪽으로 올라와 담요를 깔고 해변용 장난감을 꺼내 놓았어요.

　케빈은 모래성을 짓고 싶어 했지만, 수지는 케빈을 도와주는 것이 귀찮았어요. 하지만 부모님은 수지에게 동생을 도와주라고 눈짓했어요. 수지가 타고 싶어 하는 제트 스키를 타려면 그렇게 해야 한다는 표정이었어요. 수지는 별수 없이 바닷물에 젖은 모래를 퍼서 동생이 모래성 짓는 것을 도와주었어요. 모래성은 바닷가 옆에 세워졌어요.

다음 날 아침 케빈이 모래성을 보러 가고 싶다고 식구들을 졸랐어요.

"수지, 엄마와 난 드라이브에 필요한 짐을 싸야 된단다. 그동안 동생을 데리고 해변에 다녀오는 게 어떻겠니?"

아버지가 명령에 가까운 말투로 말했어요.

한숨을 쉰 수지는 케빈을 데리고 나갔어요. 조금 걸으니 전날 저녁에 모래성을 쌓았던 해변이 나왔어요. 하지만 모래성은 보이지 않았어요.

"나쁜 사람들이 모래성을 부쉈어!"

케빈이 외쳤어요.

"아니야. 그런 게 아니야."

수지가 말했어요.

"그럼 모래성이 어디 간 거야?"

케빈이 물었어요.

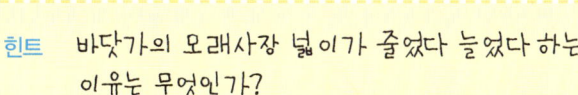
힌트 바닷가의 모래사장 넓이가 줄었다 늘었다 하는 이유는 무엇인가?

 달의 중력이 바다를 끌어당기기 때문에,
매일 두 번 썰물과 밀물이 생긴다.

"어제 저녁 우리가 모래성을 지었을 때, 틀림없이 썰물이었을 거야."
수지가 말했어요.
"바닷물이 빠져나가는 거 말이야?"
케빈이 되물었어요.
"맞아. 보통 바닷가에는 매일 두 번의 썰물과 밀물이 들어와."
수지가 말했어요.

"밀물과 썰물은 왜 생기는 거야? 그거랑 내 모래성이랑 무슨 상관이야?"

호기심이 많은 케빈의 질문은 끝이 없었어요.

"달의 중력이 지구의 바닷물을 끌어당기는 정도에 따라 밀물이 되기도 하고 썰물이 되기도 하는 거야. 여기 발아래에 짙은 색 모래가 깔린 거 보이지? 밀물이 들어오면 이곳까지 물이 차기 때문에 모래가 젖어 있는 거야. 밤새 밀물이 들어와서 우리가 썰물일 때 지은 모래성을 쓸어 간 게 분명해."

수지가 말했어요.

아르헨티나 나무의 진실은 무엇인가?

스페인어 수업 과제 중 하나는 아르헨티나 학생들과 펜팔을 하는 것이었어요. 학생들은 수업 시간에 배운 스페인어로 편지를 썼어요. 학생들이 특히 좋아하는 과제는, 그들이 사는 곳의 식물이나 돌멩이가 어떻게 생겼는지 묘사하는 편지를 쓰는 것이었어요.

아르헨티나 학생들은 수업 시간에 배운 영어로 답장을 써서 보냈어요. 두 학교의 학생들은 학교나 집을 찍은 사진도 교환했지요. 그리고 서로를 늘 기억하기 위해 상대방을 기념하는 나무를 심기로 했어요. 5월 말이 되자 각 반은 나무를 사서 심는 데 충분한 돈을 모았어요.

9월이 되자 여름 방학이 끝나고 2학기가 시작되었어요. 개학날 오랜만에 학교에 온 학생들을 기다리고 있는 것은 아르헨티나 친구들이 쓴 편지였어요. 편지에는 이렇게 씌어 있었어요.

> 사랑하는 미국 친구들아. 잘 지내니? 우리가 너희들 이름으로 심은 나무 사진을 함께 보낼게. 7월에 나무를 심고서 바로 찍은 사진이야. 우리는 이 나무를 볼 때마다 너희를 생각해. 곧 답장을 써 주길 바란다. 아르헨티나의 친구들이.

선생님은 봉투 속에서 사진 한 장을 꺼냈어요. 잎이 다 떨어지고 앙상한 가지만 남은 나무 사진이었어요. 조던이 끙 하고 신음 소리를 내며 말했어요.

"아, 안 돼. 벌써 죽었다니!"

"아냐, 이 나무는 죽지 않았어."

수지가 말했어요.

"정말이야? 네 말 믿어도 돼?"

조던이 의심스러운 듯이 물었어요.

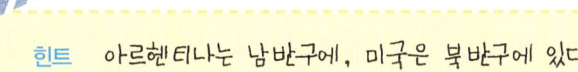
힌트 아르헨티나는 남반구에, 미국은 북반구에 있다.

 **북반구가 여름일 때 남반구는 겨울이 된다.**

"아르헨티나는 남반구에 있어. 우리가 사는 북반구와는 계절이 반대야. 이곳에선 7월이 여름이지만, 그곳에선 한겨울이야. 그래서 나무에 잎이 없는 거야."

수지가 말했어요.

"그럼 몇 달 후면, 봄을 맞아 초록 이파리들이 무성하게 달린 사진을 보내 주겠구나. 우리도 어서 나가 나무 사진을 찍자. 안 그러면 곧 나뭇잎이 다 떨어질 거야."

조던이 말했어요.

"맞아. 방금 조던이 그랬던 것처럼, 아르헨티나 친구들이 나무가 죽었다고 생각할지도 몰라."

수지가 말했어요.

공으로 만든 태양계

 이렇게 날씨가 좋은 날이면 방과 후 프로그램에 참여하는 학생들은 운동장에 나가서 놀 수 있어요. 방과 후 선생님들이 놀이에 필요한 도구가 담긴 상자 몇 개를 가져왔어요. 상자에는 줄넘기, 아스팔트에 그릴 수 있는 분필, 그리고 여러 가지 공들이 담겨 있었어요. 학생들은 이어달리기를 하기도 하고, 다른 게임을 하기도 해요.
 하지만 밖에 나가서 놀려면 일단 숙제를 끝내야 하지요.
 케빈은 그날 숙제를 제일 먼저 끝냈어요. 먼저 밖에 나갔지만, 친구인 톰이 나올 때까지 기다려야 했어요. 케빈은 몇 개의 공을 태양계 행성들의 위치처럼 일직선으로 늘어놓았어요. 일직선의 끝은 좀 더 실감이 나도록 진짜 태양을 가리키게 방향을 잡았어요.

케빈이 화장실에 다녀오자 마침 톰이 숙제를 마치고 나와 있었어요. 다른 아이들도 대부분 숙제를 마치고 밖에 나와 놀고 있었어요. 몇 명은 축구를, 다른 몇 명은 농구를 했어요. 테니스공을 던지며 노는 친구도 있었고, 구슬치기를 하는 아이들도 있었어요.

"아, 안 돼. 내 태양계!"

케빈이 소리쳤어요. 케빈이 만들어 놓은 태양계 모형에서 행성 역할을 하고 있던 공을 다른 아이들이 가져간 거예요.

"에이, 모르겠다. 이렇게 된 거 목성을 가져가서 놀아야겠다."

케빈이 톰에게 말했어요.

"어떤 공이 목성인데?"

톰이 물었어요.

힌트 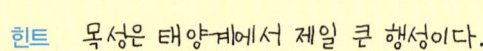 목성은 태양계에서 제일 큰 행성이다.

 유리구슬, 축구공, 테니스공, 농구공 중 가장 큰 공은 무엇인가?

"물론 농구공이지. 행성 중에 제일 큰 것은 목성이고, 여기 공들 중에 제일 큰 것은 농구공이야."
케빈이 말했어요.

과학 수수께끼 23

가장 오래 살아남을 눈 조각은?

12월치고는 유난히 눈이 많이 내렸어요. 폭설 때문에 몇 번이나 휴교를 해야 할 정도였어요.

한 가지 좋은 점은 운동장에 눈이 많이 쌓인 것이었어요. 덕분에 겨울 방학이 시작되기 전날 눈 조각 대회가 열렸어요. 3학년부터 6학년까지 네 개 학년이 학교 본관 건물의 동쪽, 서쪽, 남쪽, 북쪽에 몰려들었어요.

북쪽을 맡은 3학년은 눈사람을 만들었어요. 남쪽을 맡은 4학년은 눈으로 쌓은 성을 만들었어요. 동쪽을 맡은 5학년은 용을 만들었지요. 아쉽게도 용은 개를 더 많이 닮은 것 같았어요. 마지막으로 서쪽을 맡은 6학년은 이글루를 만들었어요.

오후가 되자 햇볕이 내리쬐기 시작했어요. 집에 가려고 스쿨버스를 기다리는 학생들은 나무에서 녹아 떨어지는 눈을 이리

저리 피해야 했어요. 그러면서 저마다 자기네가 만든 눈 조각이 제일 멋지다고 주장했어요.

"우리 것이 제일 창의적이야."

5학년인 도슨이 말했어요.

"그래. 하지만 우리 것이 제일 크다고."

4학년인 디나가 대답했어요.

"하지만 제일 오래가는 건 우리가 만든 눈사람일걸?"

3학년인 제임스가 말했어요.

"그게 무슨 말이니?"

디나가 물었어요.

힌트 3학년의 눈사람은 학교 건물의 어느 쪽에 있었는가?

 어째서 북쪽에 있는 눈이
가장 오래도록 녹지 않을까?

"해가 나오는 바람에 눈이 녹기 시작했잖아. 해는 동쪽에서 떠 남쪽 하늘을 지나 서쪽으로 져. 결국 용, 성, 이글루는 해가 지나는 길 아래에서 햇빛을 듬뿍 받을 거야. 하지만 눈사람이 있는 북쪽은 건물 그림자에 가려 햇빛을 받지 못하게 돼. 아마 눈사람이 가장 늦게까지 녹지 않을걸."

제임스가 말했어요.

과학 수수께끼 24

부풀어 오른 깡통은 상한 것일까?

데이비드와 제임스의 가족은 오래전부터 휴가를 함께 가려고 준비해 왔어요. 덴버로 비행기를 타고 간 두 가족은 산꼭대기에 있는 큰 오두막집을 빌렸어요. 앞으로 4일 동안 산악자전거를 타고 등산과 낚시도 하고, 숲 속 탐험도 할 거예요.

모두가 짐을 풀었어요. 부모님들은 옷을 정리했고, 데이비드와 제임스는 비상 식량으로 가져온 음식을 꺼냈어요.

"이건 뭐지?"

데이비드가 겉에 '콩가루'라고 라벨이 붙은 캔을 꺼내면서 물었어요. 제임스가 대답했어요.

"우리 엄마 거야. 단백질이 많이 들어간 식사를 하라고 병원에서 처방을 받았거든. 그래서 이 가루를 물에 타서 드셔."

"이거 상한 거 아냐?"

"아니야. 괜찮아. 캔에 든 음식은 바깥 공기가 들어가지 않기 때문에 오랫동안 변하지 않아."

"이것 좀 봐."

데이비드가 밀폐 용기의 윗부분이 불룩하게 솟아오른 것을 가리키며 말했어요.

"식품이 상하면 세균이 기체를 내뿜어. 그래서 캔이나 밀폐 용기 윗부분이 부풀어 오른대."

"그거 어디서 포장한 거야?"

데이비드는 라벨을 보더니 마이애미에서 포장한 거라고 대답했어요.

"그러면 괜찮아."

"어디서 포장했는지가 무슨 상관이야?"

힌트 마이애미는 해안가에 있는 저지대 도시고, 덴버는 고지대에 있다. 두 도시가 있는 곳의 높이 차이에 비밀이 숨겨져 있다.

 높은 지대로 갈수록 공기의 압력은 낮아진다.

"고지대에서 포장했다면 캔 속의 음식이 상해서 부풀어 올랐다고 봐야 돼. 하지만 저지대인 해안가에 있는 마이애미에서 포장한 거라면 괜찮아. 우린 지금 저지대에서 포장한 이 캔을 고지대로 가져왔어. 이곳 덴버는 도시의 고도 자체가 1.6km잖아? 그런데 우린 그 덴버에서도 아주 높은 산에 올라와 있어. 지대가 높을수록 기압이 낮아져."

제임스가 말했어요.

"그럼 여긴 마이애미보다 훨씬 기압이 낮겠네. 그런데 그거랑 캔이 부풀어 오르는 거랑 무슨 상관이야?"

"고지대로 가면 캔 속의 기압은 그대로인데 바깥쪽 기압은 낮아져. 그래서 캔 속의 공기를 예전처럼 누르지 못하게 되니까 부풀어 오르는 거야."

고장 난 나침반

 그날 아침, 제임스네 반 학생들은 학교에 도착하자마자 자동차 몇 대에 나눠 탔어요. 근처 공원으로 짧은 현장 학습을 가기 위해서였어요.

 현장 학습의 목표는 나침반과 모눈종이를 사용해서 지도를 만드는 것이었어요. 3명이 한 조를 이루어 각 조마다 다른 장소에서 지도를 만들기 시작했어요. 제임스의 아버지는 학부모 도우미 교사 중 한 명으로 따라갔어요. 그리고 제임스, 카를로스, 헥토르를 차에 태워 지도를 만드는 곳까지 데려가 주었지요.

 제임스, 카를로스, 헥토르는 차에서 내려서 보닛(자동차에서 엔진이 있는 앞부분의 덮개)에 나침반과 종이를 놓았어요. 헥토르는 보닛의 한쪽 옆에, 카를로스는 헥토르를 마주 보며 건너편에, 그리고 제임스는 그 둘 사이에 섰어요. 제임스의 아버지는 시동을 켠 채 차 안에 머물렀어요. 맑은 날이었지만 쌀쌀했거든요.

제임스는 지도를 그리고, 카를로스는 목표물까지 몇 걸음인지 세고, 헥토르가 나침반을 사용해 방향을 잡기로 했어요.

"좋아. 실습 설명서에는 모눈종이의 한 칸을 50걸음으로 하라고 나와 있어. 우선 남쪽으로 100걸음 가라는데, 어느 쪽이 남쪽이지?"

카를로스가 말했어요.

헥토르가 나침반을 내려다보았어요. 얼굴 왼쪽으로 내리쬐는 햇볕 때문에 눈을 가늘게 떠야 했어요.

"바늘이 저쪽을 가리키고 있어."

헥토르가 카를로스의 어깨 너머를 가리키며 말했어요.

"나침반의 바늘은 북쪽을 가리키니까, 남쪽은 그와 반대 방향일 거야. 내 뒤쪽이네."

"아냐. 그렇지 않아."

제임스가 말했어요.

"설마 지금 나침반을 못 믿겠다는 거야?"

카를로스가 제임스의 말에 눈살을 찌푸리며 말했어요.

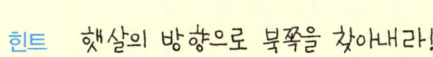
힌트 햇살의 방향으로 북쪽을 찾아내라!

 나침반은 근처에 큰 자석이 있으면 제대로 작동하지 않는다.

"아침이라 해가 아직 동쪽에 있어. 햇볕이 헥토르 왼쪽에서 내리쬐고 있다면, 헥토르 넌 지금 남쪽을 향해 서 있는 셈이야. 즉 네 건너편에 있는 카를로스의 어깨 너머는 북쪽이 아니라 남쪽이란 뜻이지. 나침반 바늘은 지구라는 커다란 자석의 북극을 가리켜. 그런데 방향을 틀리게 가리킨다면, 근처에 있는 큰 자

석이 나침반을 방해하고 있다는 얘기야."

제임스가 말했어요.

"아! 알겠다. 시동이 켜져 있으면 자동차의 전기 시스템도 작동하게 돼. 전기가 흐르면 그 주변으로 전자기장이 생긴다는 걸 깜박 잊었어."

카를로스가 말했어요. 자동차 보닛 주위로 나침반을 움직이자, 바늘이 가리키는 방향이 달라졌어요.

"우리가 차에서 멀어지든가 시동을 꺼야겠어. 그럼 나침반 바늘이 제대로 움직일 거야."

헥토르가 말했어요.

"내가 아버지한테 시동을 꺼 달라고 할게. 차에 시동만 걸어 두면 에너지도 낭비되고 공기도 오염돼."

제임스가 말했어요.

3장
물리학으로 사건을 해결하라

과학 수수께끼 26

모이통을 부순 범인을 잡아라!

"이게 뭐야! 처음부터 다시 시작해야 되잖아. 다 네 탓이야."
빅토리아가 동생을 노려보며 말했어요.
"난 아무 짓도 안 했어!"
동생인 프레디가 거칠게 소리쳤어요.
　토요일 아침, 빅토리아의 친구인 수지가 숙제를 함께하려고 찾아왔어요. 두 사람은 철새의 이동에 대한 숙제를 하고 있었거든요.
　빅토리아는 벌새 역시 철새라는 글을 읽었어요. 그래서 전날 방과 후 원예용품점에 들러 유리로 된 벌새 모이통을 샀어요. 설명서대로 조립한 모이통에 설탕물을 채워서 뒷마당에 있는 나무의 낮은 가지에 걸어 둔 두 사람은 2주 동안 벌새가 모이를 먹으러 오는 걸 관찰하기로 했어요. 점점 날씨가 추워짐에 따라 찾아오는 벌새의 수도 줄어든다면, 벌새가 철새라는 증거가 되겠지요.

하지만 다시 모이통을 보러 온 두 사람은 깜짝 놀라고 말았어요. 모이통에 금이 갔고 물이 샜기 때문이에요. 서리로 뒤덮인 풀 위에 설탕물이 흩어져 있었어요.

"왜 프레디가 부쉈다고 생각하는 거니?"

수지가 묻자 빅토리아가 말했어요.

"내가 모이통을 만들어 거는 동안 내내 따라다녔거든. 게다가 오늘은 나보다 일찍 일어나 마당에서 놀았어. 프레디가 여기서 모이통을 가지고 놀다가 떨어뜨려서 금이 간 게 분명해."

"내가 안 그랬다니까!"

프레디가 소리쳤어요.

"네가 그런 게 분명해!"

빅토리아도 맞서서 소리쳤어요. 수지가 말했어요.

"내 생각엔 프레디가 그런 것 같지 않아."

"왜 그렇게 생각해?"

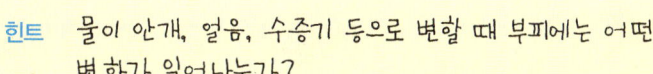
힌트 물이 안개, 얼음, 수증기 등으로 변할 때 부피에는 어떤 변화가 일어나는가?

 물은 얼음이 되면 액체 상태일 때보다
부피가 늘어난다.

"모이통의 물 때문에 유리가 깨진 거야. 빅토리아, 어젯밤에 모이통 맨 위까지 물을 가득 채웠지?"

수지가 물었어요. 빅토리아가 고개를 끄덕였어요.

"오늘 아침 풀 위에는 서리가 내려 있었어. 그걸 보면 어젯밤 온도가 영하로 내려갔다는 것을 알 수 있지. 분명히 모이통 속의 물도 얼었을 거야. 그런데 물이 얼면 액체 상태일 때보다 부

피가 커져. 안 그래도 모이통 속에 물이 꽉 차 있었는데, 얼면서 부피가 커지니까 모이통에 금이 간 거야. 그리고 아침에 기온이 오르니까, 그 틈으로 녹은 물이 새어 나와서 잔디밭에 떨어진 거지. 모이통 속을 자세히 들여다 봐. 안에 있는 물 대부분이 아직 얼어 있을걸?"

그림은 진짜인가, 가짜인가?

제임스는 학교 강당으로 갔어요. 강당엔 친구들뿐만 아니라 마을 어른들도 모여 있었어요. 오늘은 마을에서 특별히 정한 공휴일이에요.

100년 전 제임스네 학교의 선배들은 큰 금속 상자로 타임캡슐을 만들어 봉인했어요. 그날부터 정확히 100년 후인 오늘, 그 상자의 봉인을 해제하기로 약속했지요.

금속 상자 안에 들어 있는 것들 중 가장 귀중한 물건은 그림이었어요. 제임스네 마을에서 태어나고 자란 유명한 화가가 그린 전투 장면이지요. 그 화가는 학교에 그림을 기증했어요. 아무나 감히 살 수 없는 아주 비싼 그림이에요.

몇몇 사람들이 바깥에 화려한 무늬가 새겨진 큰 금속 상자를 가져왔어요. 무늬 사이로 '21세기의 학생들에게'라고 새겨진 글도 보였어요.

　악단의 웅장한 연주 소리와 함께, 드디어 상자 뚜껑이 열렸어요. 모두 상자 속을 보려고 목을 길게 뺐어요. 스케이트 신발처럼 생긴 신발 한 켤레가 나왔어요. 집에서 만든 인형, 팽이, 서양 장기, 카드 몇 장도 들어 있었어요.

　남자 몇 명이 무언가를 아주 조심스럽게 꺼내 들었어요. 그림이었어요. 모두 줄을 서서 그걸 자세히 들여다 보았어요.

　제임스 앞에서 그림을 보던 헥토르가 말했어요.

　"오래 봉인되어 있어서 색이 너무 바랬어."

　"아냐, 누군가가 타임캡슐을 열고 진품을 훔쳐 갔어. 이건 복사본이야."

　제임스가 대답했어요.

　"정말? 어떻게 그걸 알지?"

　헥토르가 물었어요.

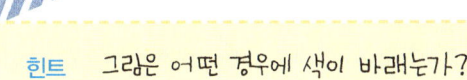
힌트　그림은 어떤 경우에 색이 바래는가?

 빛이 차단되면 그림의 색은 변하지 않는다.

"그림에 계속 빛이 닿으면 색이 바래. 금속 상자 안에 밀봉되어 빛이 차단되었다면, 색은 그대로 보존될 수 있어. 그러니 누군가가 상자를 열고 그림을 바꿔친 거야."
제임스가 말했어요.

과학 수수께끼 28

누가 내 물에 소금을 넣었을까?

야영장의 저녁이 시작되었어요. 학생들은 식당 밖에 있는 모닥불에서 야영용 요리 도구로 각자 먹을 저녁을 요리했어요. 그리고 스스로 만든 음식을 가지고 식당 안으로 들어왔어요.

케빈은 식탁에서 일어나 디저트를 가지러 갔다 왔어요. 식탁으로 돌아와 보니, 케빈의 물컵이 원래 자리에서 살짝 옮겨져 있었어요. 확실하지는 않지만 소금 그릇도 제자리가 아닌 것 같았어요. 게다가 주변 친구들 몇 명은 웃음을 참느라 어색한 표정을 짓고 있었어요.

"너희들, 내 물에 소금 넣었지?"

케빈이 물었어요.

"우리가? 설마. 자, 마셔 봐. 한 잔 쭈욱 마시면 소금물인지 아닌지 알 수 있잖아."

브레온이 유리잔을 들고 케빈에게 건네주며 말했어요.

"그걸 꼭 마셔야 알까? 난 한 방울도 맛보지 않고서도 알아낼 수 있어. 물론 나 대신 다른 누군가가 맛보고서 알려 주거나 하지 않아도 돼. 우리 내기할까?"

케빈이 말했어요.

"좋아. 그럼 뭘 걸고 내기할래?"

브레온이 말했어요.

"설거지랑 청소를 진 사람이 대신해 주는 거 어때?"

케빈이 물었어요.

"좋아. 그럼 이 물이 소금물인지 아닌지 증명하는 방법을 설명해 봐."

브레온이 대답했어요.

 힌트　물에서 소금을 분리하는 방법을 생각하라.

물은 열을 가하면
수증기로 모습을 바꿔서 날아가 버린다.

"이 잔의 물을 깨끗한 냄비에 붓고 끓일 거야. 소금이 물 안에 녹아 있으면 눈에 보이지 않아. 하지만 끓여서 물을 증발시키면 냄비에 하얀 소금 알갱이만 남게 돼. 자, 어디 한번 끓여 볼까?"
케빈이 말했어요.

과학 수수께끼 29

뒤섞인 쌍둥이를 가려내라!

세리와 헤일리는 일란성 쌍둥이예요. 둘은 정말 닮았지만, 구분하기 어렵지는 않았어요. 다른 쌍둥이들과는 달리 늘 서로 다른 옷을 입었고, 머리 모양도 달랐거든요.

하지만 발레 수업 시간에 '호두까기 인형' 공연을 하는 날엔 같은 옷과 머리 모양으로 분장해야 했어요. 둘 다 눈송이 요정 역할을 맡았거든요. 조디 선생님은 두 사람을 구분하기 위해 눈송이 장식을 사용했어요. 세리는 오른쪽 볼에, 헤일리는 왼쪽 볼에 하얀 눈송이를 붙여 주었지요.

공연 때 두 사람이 서로를 마주 보자 환한 조명이 눈송이에서 반사되었어요. 관중들은 아름다운 춤과 함께 반짝반짝 빛나는 눈송이를 보고 뜨거운 박수갈채를 보냈어요.

공연이 끝난 후 여자아이들이 분장실 거울 앞에서 화장을 지우고 있었어요. 수지가 그 아이들 뒤로 다가왔어요. 거울로 보이는 얼굴 왼쪽에 눈송이가 붙어 있는 아이에게 말을 걸었어요.

"네 춤 정말 멋졌어, 헤일리."

"고마워. 너도 사탕요정 춤 잘 추더라. 하지만 나는 셰리야. 우리를 구분할 수 없겠니?"

"농담하지 마, 헤일리."

"농담하는 거 아니야."

"아냐, 넌 분명히 장난치고 있는 거야."

수지는 셰리라고 우기는 그 아이가 분명히 헤일리라고 믿었어요. 왼쪽 볼에 눈송이를 붙이고 있었거든요.

"내가 왜 헤일리인 척하겠어? 헤일리가 더 예쁘지도 않은데."

여자아이가 장난스럽게 웃으며 말했어요. 수지는 헷갈리기 시작했어요. 내가 틀렸나? 아니면 이 아이가 지금 장난치고 있는 건가?

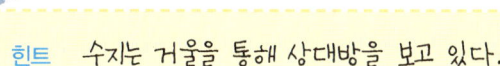 힌트   수지는 거울을 통해 상대방을 보고 있다.

 수지는 왜 그녀가 헤일리라고 확신했을까?

"아, 이제 알겠다."
수지가 웃으며 말했어요.
"네 말대로 넌 셰리야. 내가 틀렸어. 거울로 본 네 얼굴에는 왼쪽 볼에 눈송이가 붙어 있지만, 거울에 비친 모습은 왼쪽과 오른쪽이 뒤바뀌어 보여. 아까는 미처 그 사실을 생각하지 못했어. 그러니까 눈송이는 사실 네 오른쪽 볼에 있는 거야. 즉, 네가 셰리야."

과학 수수께끼 30

누가 촛불을 꺼뜨렸지?

핼러윈 축제 날이었어요. 수지의 집이 있는 동네에서 모든 주민이 참가하는 호박 조각 대회가 열렸어요. 가장 멋진 조각을 한 사람은 상품으로 문화 상품권을 받을 예정이었어요.

수지와 로라는 호박으로 마녀 얼굴을 조각했어요. 마녀 얼굴에서 초록빛이 반짝이게 만들고 싶었기 때문에, 눈과 입 모양으로 파낸 구멍을 초록색 셀로판지로 덮었어요. 그리고 호박 안에 촛불을 켠 뒤에 머리 뚜껑을 덮고서 집 앞에 내놓았어요. 두 사람은 심사 위원들이 호박 조각을 채점하러 다니는 사이, 핼러윈 사탕을 얻으러 집집마다 돌아다니기 시작했어요.

수지는 과자를 얻으면서 사람들이 만든 호박 조각을 살펴보았어요. 칼리는 멋진 유령을 조각했어요. 피터는 이상하게 생긴 호박으로 익살맞은 개구리를 조각했어요. 둘은 샘이 호박을 조각해서 내놓았다는 말을 듣고서 곧장 샘의 집으로 달려갔어요.

"어때, 내가 우승할 것 같지?"

샘이 자신감에 넘치는 목소리로 말했어요. 수지가 보기에도 샘이 만든 유령 집은 멋졌어요. 하지만 자신과 로라가 만든 호박 마녀가 훨씬 더 낫다고 생각했어요.

"샘을 조심해야 돼. 쟤라면 이 대회에서 우승하기 위해 다른 호박을 부술지도 몰라."

두 사람이 다음 집으로 가는 동안 로라가 말했어요.

로라와 수지는 사탕을 얻으며 동네를 한 바퀴 다 돌았어요. 곧 호박 조각 우승자 발표가 있을 거예요. 수지는 발표를 들으러 가기 전에 집에 가서 사탕을 두고 오기로 했어요.

집에 도착한 두 사람은 깜짝 놀랐어요. 호박이 부서지진 않았지만, 그 안의 촛불이 꺼져 있었거든요. 빛이 나지 않으니 전혀 특별해 보이지 않았어요.

"이런! 누가 범인인지 알겠어."

수지가 말하자 로라가 물었어요.

"누군데?"

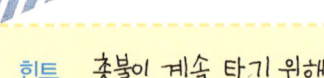
힌트 촛불이 계속 타기 위해 필요한 것은 무엇인가?

 촛불은 산소를 소모하기 때문에 밀폐된 공간에서는 오래 타오르지 못한다.

"범인은 우리야."

"무슨 말이야?"

"우리가 촛불이 저절로 꺼지게 만들었어. 셀로판지로 호박에 있는 구멍을 덮고, 뚜껑까지 덮은 게 문제였어. 호박 안으로 산소가 들어갈 통로를 모두 막아 버린 셈이야. 촛불이 계속 타려면 산소가 필요하거든."

수지가 대답했어요.

"아무래도 샘이 우승할 것 같아. 샘에게 우승 기념으로 한 턱 쏘라고 해야겠다."

로라가 말했어요.

어느 컵이 시원할까?

"아, 덥다! 차가운 거 어디 없나?"

제임스가 말했어요.

찌는 듯이 무더운 날이었어요. 제임스와 친구인 데이비드는 하계 리그 야구 경기를 막 끝낸 참이었어요. 두 사람은 줄줄 흐르는 땀을 닦으며 종종걸음으로 경기장을 나왔어요.

마지막 회는 보통 때보다 길게 계속되었어요. 두 번이나 투수 교체가 있었기 때문에, 부모님들이 준비해 놓은 오렌지 주스는 뜨거운 태양 아래서 오랫동안 선수들이 오기를 기다려야 했어요. 기다리다 못한 부모님들 중 몇 사람이 오렌지 주스를 가져다 마셨기 때문에, 데이비드의 아버지가 아이스박스 안에 있는 주전자를 꺼내 주스를 더 따라 놓았어요. 선수들이 관중석 쪽으로 왔을 때에는 새로 따라 시원한 주스 컵과 미지근해진 주스 컵이 섞여 있었어요.

데이비드는 한 줄로 늘어선 컵들을 보면서 차가운 음료를 찾으려고 했어요. 하지만 눈으로 봐선 온도를 알 수가 없었어요. 단지 어떤 컵은 표면이 젖어 있었고, 어떤 컵은 말라 있었어요.

"저 컵은 왜 젖어 있지? 아버지가 저걸 따를 때 좀 쏟았나 봐. 저걸 만지면 손이 끈적끈적해지겠는데."

데이비드가 말했어요.

"아냐. 컵 표면이 젖어 있는 걸로 골라."

제임스가 말했어요.

"왜?"

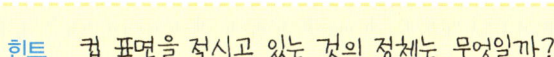
힌트 컵 표면을 적시고 있는 것의 정체는 무엇일까?

 **왜 주스 컵 표면에 물방울이 묻어 있을까?**

"컵 안에 차가운 액체가 들어 있으면 컵 표면도 차가워져. 이때 공기 중의 수증기가 차가운 컵 표면과 만나면 응결되어 물방울로 맺히지. 그래서 더운 날 찬 음료를 유리컵에 부으면 컵이 젖게 되는 거야."

제임스의 설명을 들은 데이비드가 고개를 끄덕였어요.

"아, 그럼 컵이 젖어 있으면 음료가 차갑다는 뜻이겠네."

"일부러 물을 묻혀 놓은 게 아니라면 그럴걸. 그러니까 여기 주스 컵 중에서 표면이 말라 있는 것은 오랫동안 햇볕 아래 있었다는 얘기야. 컵 표면에 응결되었던 수증기가 뜨거운 햇빛을 받아 모두 증발해 버린 거지."

제임스가 말했어요.

"그렇다면 표면이 젖어 있는 컵을 잡아도 끈적거리지 않겠구나. 컵 표면에 흐르는 건 주스가 아니라 물방울이니까!"

데이비드가 말했어요.

과학 수수께끼 32

예절 교실에서 생긴 일

방과 후 예절 과목은 부모님들에게 큰 인기였어요. 하지만 아이들은 대부분 억지로 끌려갔지요.

오늘 수업은 식사 예절에 대한 것이었어요. 제임스, 아미르, 한나, 스콧은 교실에 설치된 식탁에 남녀가 번갈아 가면서 앉았어요. 선생님은 먼저 식탁을 차리는 법과 숟가락·포크·나이프 사용법, 냅킨을 삼각형으로 접는 법을 가르쳐 주었어요. 식사를 하려면 냅킨을 무릎 위에 펼치고, 왼쪽에는 빵 접시, 오른쪽에는 유리컵을 놓아야 해요.

제임스는 아이들의 컵에 물을 따라 주었어요. 컵은 크리스털이었어요. 그러나 아미르와 한나의 컵에 물을 따르자 주전자가 텅 비었어요. 그래서 제임스는 선생님과 함께 주전자를 채우기 위해 식수대로 갔어요.

그사이에 크리스털 컵의 물을 반쯤 마시던 한나는, 음식이 제대로 다 차려지기 전에 마시면 안 된다고 배운 것이 뒤늦게 기억났어요. 그래서 얼른 컵을 내려놓았지요.

한편 선생님과 제임스는 밖에서 은식기가 크리스털 잔에 쨍그랑 부딪히는 소리를 들었어요. 꽤 높은 소리였어요.

"크리스털 컵은 은수저나 포크로 두드리면 소리가 나지. 건배를 하려는 것도 아닌데, 너희끼리 그런 소리를 내는 것은 좋은 예절이 아니야. 자, 누가 그랬지?"

선생님이 제임스와 함께 교실로 들어오면서 물었어요.

> **힌트** 아미르의 컵에는 물이 가득하고, 한나의 컵에는 반만 물이 차 있고, 스콧의 컵은 비어 있다. 누가 범인일까?

 물이 담긴 컵은 빈 컵보다 낮은 소리를 낸다.

"스콧이에요. 제가 증명해 보일게요."

제임스가 포크를 들고 친구들의 컵을 하나씩 두드리며 설명했어요.

"이렇게 유리컵을 두드리면 유리컵과 그 속의 물이 진동하면서 소리를 내요. 그런데 물은 유리컵보다 느리게 진동하기 때문에, 물이 가득 차 있는 아미르의 컵이 가장 느리게 진동하고 낮은 소리를 만들어요. 한나의 컵은 물이 반만 차 있으니 중간 높이의 소리를 내지요. 하지만 스콧의 컵에는 느리게 진동하는 물이 담겨 있지 않아요. 때문에 포크로 두드리면 빠르게 진동해서 높은 소리를 내는 거예요."

녹아 버린 밀랍 꽃

　화창한 9월, 그렇게 덥지 않은 어느 날이었어요. 수지는 사촌 동생 세라의 네 번째 생일잔치를 도와주고 있었어요. 세라는 유치원의 같은 반 친구들을 모두 초대했어요. 열두 명이 넘는 아이들이 뒷마당에 모여 술래잡기를 하고, 그네를 타고, 생일잔치를 위해 빌려 온 커다란 트램펄린 위에서 뛰어놀았어요.

　밥을 먹고 선물을 뜯어볼 시간이 되었어요. 하지만 그전에, 세라의 어머니는 놀고 먹느라 흥분한 아이들을 잠시 진정시킬 활동을 준비했어요. 몇 가지 재료를 조립해서 밀랍 꽃을 만드는 것이었어요.

　수지는 아이들이 밀랍 꽃 만드는 것을 도와주었어요. 모두들 꽃을 완성한 뒤, 현관으로 들어가는 계단 난간에 밀랍 꽃 화분을 한 줄로 쭉 세워 놓았어요.

"벌이 내 꽃에 달려들지 못하게 할 거야."

세라는 자신의 밀랍 꽃 위에 유리컵을 씌웠어요. 그리고 친구들과 함께 안으로 들어가 케이크와 아이스크림을 먹으며 선물을 뜯어보았지요.

세라와 친구들이 잠시 후에 밖으로 다시 나왔을 때였어요. 다른 아이들의 밀랍 꽃은 그대로인데 세라의 꽃만 녹아 있었어요.

"내 것만 망가졌어, 으앙!"

세라가 커다랗게 울음을 터뜨렸어요.

"이상하네. 다른 아이들 것은 괜찮은데, 어떻게 된 일이지?"

세라의 어머니가 말했어요.

 힌트 세라의 밀랍 꽃과 다른 밀랍 꽃의 차이점은?

햇볕 아래 컵을 놓아두면
안의 공기가 뜨거워진다.

"온실 효과 때문이에요. 세라가 밀랍 꽃을 유리컵으로 덮었잖아요. 햇볕이 컵 안의 공기를 데워 뜨겁게 만드니까, 밀랍 꽃이 견디지 못하고 녹은 거예요. 다른 꽃들은 주위의 공기가 갇혀 있지 않기 때문에 컵 속의 공기만큼 뜨겁지 않아요. 그래서 녹을 일도 없지요."

수지가 설명했어요.

폭풍이 달려오는 시간을 알아내라!

여름에 야영을 하려면 조심해야 할 것 중 하나가 뇌우예요. 천둥이 치면 폭풍이 일어나 도보 여행자를 덮치곤 하거든요.

사브리나 선생님과 수지, 샨디즈, 레슬리는 캠프를 떠나 꽤 멀리 걸어왔어요. 네 사람이 대피소에서 잠시 쉬는데, 멀리 캠프 너머로 어두운 구름이 커다랗게 생기는 게 보였어요.

사브리나 선생님이 무전기를 꺼내 캠프로 연락했어요. 무전기 너머에서 캠프 지휘 선생님이 말했어요.

"폭풍이 오고 있어요. 라디오에서 그러는데, 20분 안에 이 지역을 덮친대요. 폭풍이 들이치기 전에 돌아올 수 있겠어요?"

"글쎄요. 우리가 캠프에서 얼마나 멀리까지 왔는지 잘 모르겠어요. 1.6km를 걷는 데 20분 정도 걸렸으니까, 계산을 좀 해 봐야 돼요."

사브리나 선생님이 말했어요.

그때, 무전기 속에서 천둥소리가 들렸어요.

수지는 곧바로 숫자를 세기 시작했어요.

"하나, 둘, 셋, 넷, 다섯, 여섯, 일곱, 여덟, 아홉, 열……."

바로 그 순간 수지의 머리 위에서 천둥 치는 소리가 들렸어요. 선생님이 물었어요.

"너희들 생각은 어떠니? 캠프로 돌아가야 될 것 같니? 아니면 대피소에서 폭풍이 지나가길 기다려야 할 것 같니?"

"여기서 머물러야 할 것 같아요."

수지가 대답했어요.

"왜?"

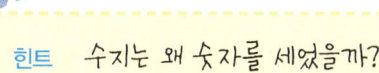
힌트 수지는 왜 숫자를 세었을까?

# 천둥소리는 초속 몇 킬로미터로 공기 속을 이동할까?

"소리는 공기 중에서 5초에 약 1.6km 정도를 이동해요. 방금 전에 무전기 너머로 캠프에서 천둥 치는 소리가 들렸어요. 그

소리가 나고 10초 후에 우리가 있는 곳에서도 천둥이 쳤어요. 천둥이 캠프를 지나 여기까지 오는 데 10초 걸렸다는 얘기죠. 캠프로부터 약 3.2km 떨어져 있다는 뜻이기도 하고요. 아까 선생님께서 1.6km 걷는 데 20분 걸렸다고 하셨으니까, 우리가 캠프까지 가려면 40분 정도 걸려요. 폭풍은 20분 후에 오니까 폭풍이 들이치기 전에 캠프로 돌아가진 못할 거예요."

과학 수수께끼 35

수지를 그린 범인은 누구인가?

 수지가 비품실에서 종이를 갖고 돌아오자 교실 여기저기에서 키득키득 웃는 소리가 들렸어요. 수지는 일주일에 한 번씩 유치원 선생님이 수업하시는 것을 돕고 있어요. 장래 희망이 선생님이기 때문에, 유치원 자원봉사가 좋은 경험이 될 거라고 생각했거든요.

 자원봉사를 하면서 가장 확실하게 배운 것은 유치원생들이 짓궂은 장난을 너무 좋아한다는 사실이었어요. 가끔 아이들은 수지의 가방에 엉뚱한 물건을 집어넣었고, 옷에 테이프를 붙이기도 했어요.

 수지가 교실에 들어서자 유치원생인 앨리, 데이숀, 타일러, 헨리가 키득거렸어요. 수지는 모른 척하면서 말했어요.

 "자, 오늘은 손가락 그림을 그릴 거야. 손가락으로 물감을 찍에서 바깥 풍경을 그려 보렴."

앨리는 노란 태양을 그렸고, 데이슨은 초록색 풀을, 타일러는 파란 하늘을 그렸어요. 헨리는 손을 씻고 싱크대에서 돌아왔어요.

그들 중 누군가가 빨간색 손가락 그림으로 잔뜩 찌푸린 표정을 한 여자아이를 그리고, 그 밑에 '수지'라고 썼어요. 모두들 시치미를 뚝 떼고서 자기는 모른다는 표정을 짓고 있었어요.

"누가 내 얼굴을 이렇게 예쁘게 그렸지? 누구에게 고마워해야 할까? 너희들의 손을 나한테 보여 줄래?"

수지는 감탄한 척하며 말했어요.

모두들 손을 내밀었어요. 앨리는 손가락 사이에 주황색이 조금 있었지만 손끝에는 노란색 물감이 묻어 있었어요. 데이슨의 손가락에는 초록색 물감이, 타일러의 손가락에는 파란색 물감이 묻어 있었어요. 하지만 헨리의 손은 깨끗했어요.

"다들 손을 보여 줘서 고마워. 누가 날 그렸는지 알겠구나."

수지가 말했어요.

"어떻게 알아냈어요?"

타일러가 물었어요.

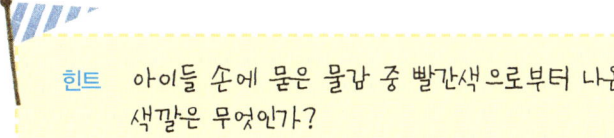

힌트   아이들 손에 묻은 물감 중 빨간색으로부터 나온 색깔은 무엇인가?

 노란색 그림을 그린 아이 손에
주황색이 묻어 있다.

"노랑과 빨강을 섞으면 주황색이 돼. 그래서 앨리의 손가락에 주황색이 묻어 있는 거야. 노란색은 노란 태양을 그릴 때 묻은 거고, 빨강은 이렇게 예쁜 내 얼굴을 그릴 때 묻은 것이지. 잘 그렸네. 찌푸린 표정을 웃는 얼굴로 바꾸어 주면 우리 집 냉장고에 붙여 놓을게."

수지가 말했어요.

과학 수수께끼 36

불타는 나무에서 들리는 소리

호수에서 서늘한 바람이 불어오는 쌀쌀한 저녁이었어요. 조금 전까지만 해도 비가 내렸지만, 지금은 하늘이 개어 뭇별들이 반짝거리고 있었어요. 여자아이들은 모닥불에 모여 우스운 노래를 부르고 농담을 하며, 다음 날 있을 도보 여행에 대해 얘기를 나누었어요.

마시멜로를 구워 먹을 시간이 되었어요. 수지는 마시멜로를 가지러 텐트로 달려갔고, 조이는 주변을 돌아다니며 마시멜로를 꿰기에 적당한 나뭇가지 몇 개를 모았어요. 그레첸은 모아 놓은 장작더미에서 쓸 만한 장작을 몇 개 들고 와서 모닥불 위에 내려놓았어요.

하지만 모닥불 위에 내려놓은 장작에서는 연기만 올라올 뿐, 불길이 타오르지 않았어요.

"너 혹시 규화목을 갖다 놓은 것 아니니, 그레첸?"

페르난도가 물었어요.

"내가 규화목과 장작도 구분 못할 것 같아? 규화목은 나무가 변한 화석이잖아. 난 분명히 저기 장작더미에서 쓸 만한 것들을 골라 왔다고."

그레첸이 말했어요.

"언제 모은 나무들인데?"

"이곳에 불을 피우기 조금 전에."

수지가 묻자 그레첸이 대답했어요.

아이들이 마시멜로를 굽기 시작하자, 불에서 타타탁 하고 큰 소리가 연달아 났어요. 모두 깜짝 놀라 뒤로 물러났지요.

"폭죽인가? 위험하잖아. 누가 장난친 거야?"

조이가 물었지만, 아무도 대답하지 않았어요.

"누가 장난친 건지 모르지만 하나도 재미없어. 자, 솔직히 말해 봐. 어서."

조이가 다시 한 번 친구들을 다그쳤어요.

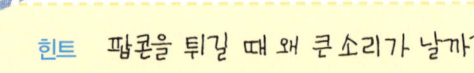
힌트 팝콘을 튀길 때 왜 큰 소리가 날까?

 왜 나무에 불이 잘 붙지 않았을까?

"누가 장난친 게 아니야."

수지가 말했어요.

"왜 그렇게 생각해?"

조이가 물었어요.

"아까 비 올 때 나무가 젖었을 거야. 그래서 나무에 바로 불이 붙지 않은 거지. 나무 안의 물기에 열을 가하면 끓어서 증기가 돼. 이 증기의 압력이 나무 표면을 깨고 나오면서 요란한 소리를 내는 거야. 팝콘을 튀길 때도 이와 비슷한 일이 일어나."

과학 수수께끼 37

딱딱해진 밧줄 마술의 비밀

"나는 위대한 마술사, 제임스입니다!"

장기 자랑 시간이 시작되자 제임스가 가장 먼저 무대에 섰어요. 제임스는 길고 검은 망토를 걸치고, 실크 모자를 썼지요. 정말 마술사처럼 보이는 근사한 옷차림이었어요.

제임스는 관객들 중 몇 명에게 무대 위로 올라와 달라고 부탁했어요. 수지도 그중 한 명이었어요.

제임스는 무대 위로 올라온 친구들에게 30cm 정도 되는 하얀 밧줄 가닥을 보여 주었어요. 나중에 확인할 것이 있으니 자세히 살펴보라고 했어요. 수지는 밧줄을 비틀어도 보고, 묶어도 보고, 나중엔 다시 풀었어요. 아무 데서나 볼 수 있는 평범하고 느슨한 밧줄이었어요.

친구들의 관찰이 끝나자, 제임스는 사인펜 몇 개를 건네주었어요.

"자, 이 밧줄 위에 아무 말이나 적으세요. 나중에 내가 보여 주게 될 밧줄이 이게 맞는지 확인해야 되니까요."

무대를 내려간 제임스는 다른 친구들이 장기 자랑을 하는 동안 한 시간 정도 기다렸어요. 그리고 다시 무대로 돌아오더니 말했어요.

"이제 마술 공연의 멋진 마무리가 시작됩니다!"

제임스는 망토 아래서 밧줄을 꺼냈어요. 분명 아까 사인펜으로 메모한 그 밧줄이었는데 막대기처럼 딱딱해져 있었어요.

공연이 끝나자 제임스는 밧줄을 상자에 넣고 무대를 내려왔어요. 모두들 크게 박수 쳤어요. 친한 친구들은 그에게 달려가 악수를 청했어요. 그중에는 수지와 수지 친구인 카렌도 있었어요.

카렌이 말했어요.

"제임스가 긴장했나 봐. 손이 축축하고 차갑더라고."

"꼭 긴장해서 그런 게 아닐 수도 있어. 난 제임스가 어떤 묘기를 부렸는지 알 것 같아."

수지가 대답했어요.

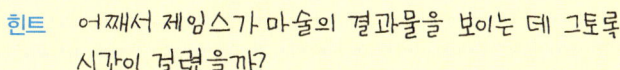

힌트 어째서 제임스가 마술의 결과물을 보이는 데 그토록 시간이 걸렸을까?

 온도에 따라서 물이 어떻게 변하는지 생각해 보라.

"다른 친구들이 장기 자랑을 하는 동안 밧줄을 물에 적셔서 구내식당 냉동고에서 얼린 거야. 그러다 맨 마지막 순서에 그걸 가지고 와서 보여 준 거지. 그래서 제임스의 손이 축축하고 차가웠던 거야. 걔가 밧줄을 못 만지게 할 때 알아챘어. 밧줄이 이미 녹고 있었거든."

수지가 말했어요.

눈밭의 숨바꼭질

눈이 너무 많이 와서 휴교령이 내려졌어요. 때문에 수지는 케빈과 함께 집으로 놀러 온 에리카, 엘마리아, 애슐리까지 돌보게 되었어요.

케빈과 친구들은 눈밭에 나가 놀고 싶어 했어요. 수지도 함께 나가서 그 애들이 잘 노는지 지켜봐야만 했지요. 너무 추웠어요. 수지는 추위를 싫어했고, 눈에 젖는 것은 더더욱 싫어했어요.

케빈과 친구들은 숨바꼭질을 하기로 결정했어요. 케빈과 수지가 술래로 뽑혔어요. 등을 돌리고 눈을 감으며 천천히 20까지 세었지요. 그 사이에 에리카, 엘마리아, 애슐리가 어디론가 숨었어요.

"보자, 어디에 숨었지?"

수지는 아이들을 찾는 척했지만, 사실은 모두들 어디에 있는지 다 알고 있었어요.

"케빈. 친구들이 어디 있는지 가르쳐 줄 테니까, 집 안에 들어가서 놀자고 해 줄래?"

수지는 케빈에게 귓속말로 속삭였어요.

"진달래 덤불을 봐. 눈덩이들이 떨어져 있지? 게다가 현관 앞에는 발자국이 있어. 그럼 두 사람은 찾은 거야."

"남은 한 사람은? 어디 있는지 어떻게 알아?"

케빈이 물었어요. 수지는 바로 대답해 주지 않고 미소를 지었어요. 그러자 케빈이 대답했어요.

"좋아. 가르쳐 주면 친구들한테 얘기해 볼게."

"나머지 한 사람은 저 창고 안에 있어."

수지가 말했어요.

"확실해? 창문에 김이 잔뜩 서려 있어서 안이 보이지도 않는데, 어떻게 알아?"

케빈이 궁금해하며 물었어요.

 힌트 창고 창문에 왜 김이 서렸을까?

 차가운 창문에 따뜻한 습기가 닿았기 때문에
김이 서린 것이다.

"바로 그 김 때문에 누군가 있을 거라고 생각하는 거야. 날씨가 이렇게 춥고 건조한데 창문에 김이 서린다는 건 누군가의 따뜻한 숨결이 닿았다는 얘기야. 숨결에 있는 습기가 차가운 유리에 닿아 맺히면서 김이 서린 거지. 저 안에 있는 친구는 우리를 훔쳐보려고 창문 바로 아래에 숨었을 거야."

수지가 재미있다는 듯이 웃으며 말했어요.

"자기가 숨어 있는 곳을 가르쳐 주고 있는 거네."

케빈이 말했어요.

"이제 안으로 들어가서 코코아 좀 마시자. 추워 죽겠어!"

수지가 말했어요.

4장
생활 속 수수께끼를 풀어라

무거운 나무를
옮기는 방법

"이봐, 조심해!"

제임스가 소리쳤어요.

"이런, 미안해!"

로라가 말했어요.

제임스와 로라는 초등학교 놀이터에 나무를 심는 중이에요. 두 사람은 나무가 실린 손수레의 손잡이를 하나씩 잡고 있었어요. 나무 밑동에는 뿌리를 보호하는 천 포대가 달려 있었지요. 나무를 심을 구덩이는 미리 파 놓았지만, 두 사람은 놀이터를 가로질러 그곳까지 나무를 옮기느라 애를 먹고 있었어요. 손수레를 미는 게 생각보다 어려웠거든요.

시소 가까이에서 로라가 수레의 손잡이를 놓쳤어요. 그러자 손수레가 넘어지면서 나무가 땅 위로 미끄러졌어요. 두 사람은 나무를 들어 올려 손수레 안으로 넣으려 했지만, 너무 무거워서 마음대로 되지 않았어요.

카를로스와 헥토르가 도와주러 달려왔지만, 네 명이 달려들어도 나무를 들어 올릴 수 없었어요.

"이러다 다치겠어."

카를로스가 말했어요.

"구덩이까지 나무를 밀면 어떨까?"

헥토르가 제안했어요.

네 사람은 나무를 밀어 보았어요. 어렵사리 조금씩 나아가게 할 수는 있었어요. 하지만 힘만 들고 속도가 너무 느렸어요.

"아냐, 안 되겠다. 이렇게 구덩이까지 밀다간 뿌리를 감싼 포대가 뜯어져서 나무가 상하고 말거야."

"좋은 생각이 있어."

제임스가 말했어요.

"뭔데?"

로라가 물었어요.

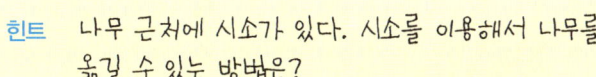

힌트   나무 근처에 시소가 있다. 시소를 이용해서 나무를 옮길 수 있는 방법은?

  시소를 지렛대처럼 사용해 보자!

"시소를 지렛대처럼 사용하는 거야."
"어떻게?"
헥토르가 물었어요.
"나무의 뿌리 부분을 시소 위에 올려서, 중심 쪽에 가까워지게 조금 밀어. 나무가 있는 쪽을 지렛대의 짧은 끝으로 만드는 거야. 내가 나무를 꽉 붙잡고 있을 테니, 카를로스와 헥토르가 반대편으로 가서 시소를 눌러. 그러면 지렛대의 긴 끝을 누르는 셈이지. 로라는 시소에서 나무가 있는 쪽 끝에 손수레를 대고 기다려. 카를로스와 헥토르가 건너편에서 누르던 힘을 빼면, 시

소의 긴 끝은 위로 올라오고 나무가 있는 짧은 끝은 아래로 내려가. 그럼 나무는 밑에서 대기하던 손수레 안으로 미끄러질 거야."

제임스가 설명했어요.

"지렛대의 긴 끝에 조금만 힘을 줘도 센 힘으로 변하는 원리를 이용한 거구나."

로라가 말했어요.

나무에 물 주는 걸 잊지 마세요

"저 나무, 좀 기운 없어 보이지 않아?"

제임스가 동생 케빈과 베란다로 걸어가면서 말했어요.

집 앞에서 차문이 쾅 닫히는 소리가 들렸어요. 아마도 수지 누나랑 부모님일 거예요. 수지는 오늘 학교 친구들과 약속이 있어서 나가야 하거든요.

아직 봄이었지만, 벌써 날씨가 더웠어요. 햇볕도 뜨거웠지요.

"나무가 걱정이야. 조금 시들시들해 보여."

케빈이 제임스에게 말했어요.

전날 나무를 심을 때만 해도 이렇게 날씨가 더우리라고는 예상하지 못했어요. 그래도 종묘 재배원의 아주머니가 나무 키우는 법을 가르쳐 주셔서 다행이에요. 아주머니는 아침과 오후에 물을 주라고 했어요. 하지만 너무 많이 주지는 말라고 했어요.

제임스는 아침에 물을 줬어요. 오후에는 수지가 물을 주겠다고 했어요. 하지만 수지는 늘 그렇듯이 약속에 늦어서 허둥거렸고, 물을 주고 갔는지 확실하지 않았어요. 제임스와 케빈은 비탈진 마당을 올라가 나무 쪽으로 갔어요. 나무에 물을 주는 호스는 집에 있는 수도꼭지와 연결되어 마당을 가로지르고 있었어요.

"만약 누나가 물을 주지 않았다면, 지금 우리가 줘야 되는데."

제임스가 호스를 만지작거리며 말했어요.

"하지만 누나가 물을 주지 않았을까? 그럼, 우리가 더 주면 안 되는데. 어떻게 해야 하지?"

케빈이 말했어요.

힌트 더운 햇볕 아래 놓여 있는 수도 호스를 만져 본 일이 있는가?

 호스 속에 고인 물 온도로
마지막 사용 시간을 추정해 보자.

제임스는 케빈에게 수도꼭지를 틀라고 부탁했어요. 호스에서 나온 물은 따뜻했어요.

"누나가 나무에 물을 주지 않았구나."

제임스가 말했어요.

"그걸 어떻게 알았어?"

케빈이 물었어요.

"내가 오늘 아침 나무에 물을 줄 때 호스에 고였던 물이 지금

도 그대로 있거든. 호스가 비탈진 마당 위쪽을 향해 있잖아? 그 안에 고인 물이 흘러 나가지 않은 채 그대로 햇빛에 데워졌어. 만약 누나가 조금 전에 물을 주고 갔다면, 물이 수도꼭지에서 나온 지 얼마 안 된다는 얘기니까 아직 차가워야 맞아."

제임스는 나무 밑동에 호스를 갖다 대고 물을 흠뻑 주었어요.

수지의 CD를
가져간 범인은 누구인가?

　빅토리아와 카렌은 친구인 수지의 집에 왔어요. 철의 원자 모형을 만드는 과학 숙제를 함께해야 하거든요. 세 사람은 같은 조예요. 모두들 한동안 웅크린 채 스티로폼으로 양성자, 중성자, 전자의 모형을 만들고서 잠시 쉬기로 했어요. 수지는 테라스로 나가서 등 뒤에 있는 미닫이문을 닫았어요.
　식당 조리대 위에 있는 CD 플레이어에서 재생되던 음악이 멈추었어요. 수지의 친구들은 그 음악을 좋아하지 않았지요. 수지가 이상한 음악을 좋아하다고 자주 놀렸거든요. 친구들 중 한 명이 음악을 끈 게 틀림없어요.
　수지는 누군가 거실로 들어가는 소리를 들었어요. 그 친구는 카펫 위에서 놀고 있는 남동생 케빈과 이야기를 했어요. 목소리가 작은 데다 문을 닫았기 때문에 잘 들리지는 않았어요.

또 다른 친구는 식당으로 들어갔어요. 원목마루를 울리는 발소리가 들렸거든요. 하지만 모두들 문 너머에서 왔다갔다 했기 때문에 누가 어디에 갔는지는 알 수 없었어요.

몇 분 후 세 사람은 다시 식탁으로 돌아왔어요. 빅토리아는 물을 마시기 위해 냉장고 문을 열려고 했어요. 그러나 금속 문손잡이를 잡자마자 앗! 하고 짧은 비명을 지르며 재빨리 손을 뗐어요.

"정전기구나."

카렌이 냉장고 문을 대신 열어 주며 말했어요.

수지는 음악을 다시 틀려고 식당 조리대로 갔지만, CD가 없었어요. 한참 집 안 여기저기를 찾아보았더니 거실에 있는 케빈이 CD를 돌리며 놀고 있었어요.

"케빈! 내 물건 가져가지 말랬지?"

"내가 가져가지 않았어!"

케빈은 화가 났는지 소리쳐 대답했어요.

"좋아, 너희들 중 한 명이 케빈에게 CD를 가져다줬구나. 누군지 알겠다."

"누군데?"

힌트 정전기는 어떻게 발생하는 것인가?

 정전기는 건조할수록 잘 일어난다.

수지가 말했어요.

"나는 항상 이 근처에서 감전이 잘 돼. 아까 빅토리아처럼. 하지만 그냥 마룻바닥 위를 걸을 때는 정전기가 생기지 않아. 거실의 건조한 카펫 위를 걷고 난 뒤에만 그러지. 카펫은 정전기가 심하게 일어나는 물건 중 하나야. 빅토리아와 카렌은 냉장고 문의 금속 손잡이를 똑같이 만졌는데, 빅토리아만 감전되었어. 그 말은 빅토리아가 거실로 들어가 털투성이 카펫 위를 걸었단 뜻이야. 거실의 케빈에게 CD를 주려다 그랬지?"

과학 수수께끼 42

흙과 물을 분리하려면?

제임스네 학교에는 마당이 있어요. 그곳에는 화단, 딸기 덤불, 새장이 달린 큰 나무와 개구리와 거북이 사는 작은 수련 연못까지 있지요. 학생들이 돌아가면서 그 마당을 관리해요. 식물에 비료를 주고 죽은 나뭇가지를 잘라 내지요.

구름이 잔뜩 끼고 선선하고 습한 어느 가을날이었어요. 제임스와 나탈리가 나뭇가지 몇 개를 끈으로 묶는 걸 끝냈어요. 그러자 선생님이 포대와 삽을 건네주며 말했어요.

"연못 가장자리에서 흙을 조금 파서 물기를 뺀 뒤 교실로 가져와. 흙 속 세균 검사를 할 거니까."

"물기를 빼라고요?"

나탈리가 물었어요.

"조금 축축한 건 괜찮아. 하지만 물이 뚝뚝 흐르면 곤란해. 바닥에 진흙을 흘리면 청소원 아주머니가 화낼 거야."

선생님이 먼저 교실로 가면서 말했어요.

제임스가 질척한 흙을 삽으로 퍼서 포대에 담았어요. 나탈리는 포대를 들었다 내려놓았다 하며 물기를 뺐지요. 물기가 조금씩 빠지기는 했지만 여전히 물이 흘러나왔어요.

"에구, 흙에서 물기를 빼려면 시간이 엄청 걸릴 거야. 선생님이 교실에서 기다리실 텐데."

나탈리가 말했어요.

"아무래도 좀 서둘러서 물기를 빼야겠다."

제임스가 말했어요.

"이 찐득거리는 흙에서 빨리 물기를 짜낼 방법이 있는 거야?"

나탈리가 물었어요.

힌트 물은 통과시키지만 흙은 통과하지 못하는 포대를 이용하라.

 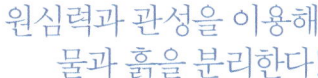

원심력과 관성을 이용해
물과 흙을 분리한다!

제임스는 긴 노끈으로 진흙이 담긴 포대의 입구를 묶은 뒤 공중에 띄워 빙빙 돌렸어요. 포대에서 사방으로 물이 튀었지요.

"원심력을 이용해서 물을 빼는 거야. 포대가 빙빙 돌면, 흙은 바깥으로 빠져나오지 못하지만 물은 포대의 구멍으로 자유롭게 빠져나와. 결국 포대 안에 축축한 흙만 남게 되는 거야."

제임스가 말했어요.

"원심력이라고? 처음 듣는 말이네."

나탈리가 고개를 갸우뚱했어요.

"중력이나 자기장이 외부에서 물체에 가하는 '진짜' 힘이라면, 원심력은 원운동에서 생겨난 '가짜' 힘이야. 포대를 돌리면 포대와 흙은 그 힘을 받아 계속 방향을 바꾸면서 도는 원운동을 해. 하지만 모든 물체에는 한 방향만 유지하려는 '관성'이 있어. 바로 이 관성 때문에 액체인 물은 포대와 함께 돌지 않아. 포대를 따라가는 대신에 구멍 사이로 빠져나와 날아가 버리는 거지. 모양이 바뀌는 액체니까 가능한 일이야. 이렇게 물체가 중심에서 멀리 도망가려는 힘이 바로 원심력이야."

제임스가 자세히 설명해 주었어요.

풍선에
낙서한 사람 누구야?

 학생회 임원들은 오후에 있을 밸런타인데이 파티를 위해 다용도실에서 장식품을 달고 있었어요. 수지는 교장 선생님과 그날 있을 행사에 대해 이야기하느라 다용도실에 조금 늦게 들어왔어요.
 임원들은 식탁에 둘러앉아 풍선을 불고, 부모님들이 가져온 간식을 먹고 있었어요. 수잔은 화채를 홀짝이며 마셨고, 엘리는 컵케이크를 먹었지요. 올리비아는 당근을 아삭아삭 씹어 먹었고, 시몬은 땅콩버터 샌드위치를 먹었어요.
 여자아이들이 한 명씩 풍선을 불면 수지가 풍선 위에 그림을 그렸어요. 풍선 준비가 끝나자 수잔이 파티장 구석구석에 분홍색 테이프를 달았어요. 시몬은 테이블 위에 올려놓을 꽃꽂이를 했지요. 수지, 엘리, 올리비아는 빨간색, 분홍색, 하얀색 풍선들을 테이프로 벽에 붙이기 시작했어요.

그런데 수지가 어느 풍선에 이런 글이 적혀 있는 것을 발견했어요.

수지는 개리를 좋아한대요~

"누가 이랬어?"
수지가 소리쳤어요.
"알고는 있지만 쉽게 가르쳐 줄 순 없지. 맞혀 봐!"
올리비아가 장난스럽게 웃으며 말했어요.
"좋아. 두고 보라고."
복도로 풍선을 가져가며 큰소리 친 수지가 바로 돌아왔어요.
"시몬, 자백해. 네가 한 거 다 알아."
"그걸 어떻게 증명하지?"
엘리가 물었어요.

 힌트 아이들은 모두 풍선을 입으로 불었다.

 풍선 안에 들어 있는 공기는
풍선을 분 사람의 입김이다.

"복도에서 풍선 입구를 풀어 그 안에 있던 공기가 천천히 밖으로 나오게 했어. 그리고 냄새를 맡았지. 풍선 안에 있는 공기는 풍선을 분 사람의 입김과 같기 때문이야. 풍선에서 나온 공기는 땅콩 냄새를 풍겼어. 시몬, 아까 땅콩버터 샌드위치를 먹는 거 다 봤거든?"

수지가 대답했어요.

이상한 발전소

　제임스, 카를로스, 데이비드는 등교하자마자 방과 후 교실에 모였어요. 세 사람의 과제는 수도와 전기 같은 서비스가 도시의 가정까지 어떻게 전달되는지를 보여 주는 모형을 만드는 것이었어요. 모형에는 길을 따라 늘어선 공장, 상가, 주택이 있었고, 송전선을 나타내는 실이 모형 전신주에 걸려 있었어요. 그 외에 모형 철길도 있고, 어항에서 가져온 고무 호스가 수도관이 되어 그 사이사이를 지나갔어요.
　제임스와 두 친구들은 어제 방과 후에 모형을 조립하다가 발전소가 빠졌다는 것을 알아챘어요. 다행히 데이비드가 집에 가서 찰흙으로 모형 발전소를 만들어 오기로 했어요. 이제 발전소만 붙이면 모형이 완성되려는 순간이었어요.
　"있잖아, 이거 발전소처럼 안 보여. 뭔가 빠진 거 같아."

데이비드가 가져온 모형 발전소를 자세히 살펴보던 카를로스가 말했어요.

"그래? 뭐가 빠졌지?"

데이비드가 뾰로통한 표정으로 물었어요.

"알겠다. 굴뚝이 없어!"

카를로스가 말했어요.

"맞아. 발전소는 연료를 태워 전기를 생산해. 연료인 석탄이나 석유를 태우려면 굴뚝이 필요하지."

제임스가 말했어요.

"그럼 어떡해? 너무 늦었어. 찰흙도 없는데 1교시에 이걸 제출해야 되잖아."

"점수 좀 깎이겠지 뭐."

카를로스가 투덜거렸어요.

"진정해. 좋은 생각이 났어. 잠깐 기다려 봐."

제임스가 구내식당으로 걸어가며 말했어요. 잠시 후 제임스는 알루미늄 호일 몇 장을 가지고 돌아왔어요.

"그걸로 뭘 할 거야?"

데이비드가 물었어요.

힌트 태양광으로 에너지를 생산하는 발전소를 뭐라고 하는가?

 굴뚝 없는 발전소도 있다!

제임스는 모형 발전소의 지붕 크기에 맞게 알루미늄 호일을 잘랐어요. 그리고 작고 네모난 모양으로 호일 가장자리를 접은 뒤에 발전소 지붕에 눌러서 붙였어요.
"이건 태양열 발전소야. 태양으로부터 에너지를 얻기 때문에 연료를 태울 필요가 없어. 아무것도 태우지 않으니까 연기도 나지 않고 굴뚝도 필요하지 않아."

선생님의
분필 알레르기

　수지네 학교에서 오랫동안 근무한 크레이터 선생님은 분필 가루에 알레르기가 있어요. 선생님은 몇 년 동안 하루 종일 재채기를 하고 나서야 분필 가루 알레르기가 있다는 것을 알게 되었대요. 그래서 칠판을 화이트보드로 바꾸는 데 앞장섰다는군요.

　크레이터 선생님이 퇴직하는 날 학부모들이 큰 파티를 준비했어요. 파티는 토요일 오후에 선생님의 교실에서 열렸지요.

　몇몇 학생들은 토요일 특별 활동이 끝나자마자 바로 파티장으로 왔어요. 미셸은 유도복을 입고 있었고, 섀넌은 승마 부츠를 신고 있었어요. 샘은 야구 운동화를 신고 있었고, 나탈리는 체조복을 입고 있었어요. 수지는 피아노 수업에 다녀왔고, 카렌은 발레 연습을 하고 오는 길이었어요.

　크레이터 선생님은 학생들이 가져온 선물을 하나씩 열어 보면서 얼마나 행복하고 고마운지를 거듭 말했어요. 무겁고 큰 선물 상자를 들고는 무엇이 들었는지 흔들어 보던 선생님은 재채기를 하며 웃었어요.

"에취! 이게 누구 선물인지 카드를 보지 않아도 알겠구나. 선물의 주인이 어떤 활동을 하다 왔는지 알려 주고 있거든."

"누가 가져온 것이지요?"

몇몇 사람들이 물었어요.

힌트 학생들이 참가하는 특별 활동 중에 분필을 사용하는 활동은 어느 것인가?

체조 선수들은 손에 땀이 나서
미끄러지는 걸 막기 위해 손바닥에
분필 가루를 바른다.

"물론 나탈리가 가져온 것이지."

선생님이 다시 재채기를 하며 말했어요.

"맞아요, 제가 드리는 거예요. 죄송해요, 손에 묻은 체조 분필을 씻는 것을 깜빡했어요. 늦을까 봐 서둘렀거든요. 그래도 선물이 마음에 드셨으면 좋겠어요."

나탈리는 선생님이 분필 알레르기가 있는 사실을 떠올리고 무척 미안해했어요.

과학 수수께끼 46

편식은 나빠요

케빈네 가족은 봄맞이 농구 대회를 마치고 집에서 파티를 열었어요. 선수들, 코치 선생님, 그리고 선수 가족들이 모여 대회에서 우승한 걸 축하하는 파티였지요.

사람들은 함께 나누어 먹을 음식을 가져왔어요. 바비큐 치킨, 감자튀김, 과일 샐러드, 야채 샐러드, 아이스크림이 있었어요. 탄산음료도 큰 그릇에 가득 담겨 있었고, 병에 든 생수도 있었어요. 피크닉용 테이블 위에는 음식을 담을 수 있는 식기들이 줄지어 놓여 있었어요.

모두들 줄을 서서 개인 접시에 음식을 담았어요. 케빈은 어머니를 도와서 샐러드가 담긴 작은 그릇들을 나눠 주고 있었어요.

"무슨 샐러드예요?"

선수 중 한 명인 에이버리가 물었어요.

"양상추, 당근, 올리브가 들어간 샐러드야."

케빈의 어머니가 대답했어요.

"이 드레싱에 기름과 식초가 들어갔나요? 제가 그걸 싫어해서요."

"글쎄? 잘 모르겠구나. 이건 잭슨네 어머니가 만드신 거거든. 바쁜 일이 생겨서 이것만 두고 서둘러 떠나셨어. 그 바람에 아무 말도 못 들었단다."

"잭슨, 너희 어머니가 이 샐러드에 기름과 식초를 넣었니?"

에이버리가 잭슨에게 물었어요.

"몰라. 네가 직접 먹어 봐라."

잭슨이 대답하자 에이버리는 난처한 표정을 지었어요.

"에이버리 형, 걱정 마. 먹지 않고도 알아내는 방법이 있어."

케빈이 음료 테이블 쪽으로 가면서 말했어요.

"어떻게?"

에이버리가 물었어요.

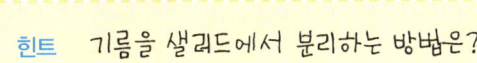
힌트   기름을 샐러드에서 분리하는 방법은?

  물과 기름은 섞이지 않는다.

 케빈이 음료 테이블에서 가져온 물컵에 샐러드를 조금 넣으며 말했어요.
 "기름과 물은 섞이지 않아. 샐러드에 기름이 있다면 물 위로 동동 뜰 거야."
 곧 물 위로 기름이 떠오르는 게 보였어요.
 "난 그냥 과일 샐러드나 먹어야겠다. 케빈, 고마워."
 에이버리가 말했어요.

탄산음료의 비밀

"한 시야. 지금부터 내가 교대할게."

케빈이 개럿네 집 뒷마당으로 들어오며 말했어요.

케빈과 개럿은 아침, 정오, 저녁에 2시간씩 새 모이통에 얼마나 많은 새가 찾아오는지를 관찰하고 있었어요. 과학 수업 시간에 쓸 자료를 얻기 위해서지요.

오늘은 학교에 가지 않는 토요일이에요. 두 사람은 이른 아침부터 서둘러 새 모이통을 개럿의 집에 설치했어요. 그리고 8시부터 10시까지 찾아오는 새의 수를 세었지요.

새의 수를 세는 건 두 사람이 같이할 필요가 없는 일이었어요. 그래서 정오나 저녁에 1시간씩 번갈아서 새 모이통을 지켜보기로 했어요.

케빈은 개럿 옆에 있는 의자에 앉았어요. 개럿의 발치에는 탄산음료 캔이 놓여 있었어요. 입구에서 쉬익 하는 소리와 함께 거품이 올라오는 게 보였어요. 개럿은 케빈이 무엇을 보는지 금방 알아챘어요.

"열두 시에 관찰을 시작할 때 따 놓은 음료수야. 여기 앉아 새를 보느라 마시는 걸 깜박 잊었어. 너도 하나 갖다 줄까?"

개럿이 말했어요.

"아니, 됐어. 새 관찰은 어때?"

케빈이 물었어요.

개럿은 케빈에게 관찰 기록장을 보여 줬어요. 거기엔 거의 아무런 표시도 없었어요.

"점심때는 새가 많이 오지 않더라고."

개럿이 왠지 자신 없는 목소리로 말했어요.

"글쎄. 여기 내내 앉아 있었다면 새를 더 많이 봤을 거야."

케빈이 말했어요.

"그럼, 내가 여기 계속 앉아 있지 않았다는 거야? 왜 그렇게 생각하니?"

개럿이 물었어요.

힌트 탄산음료에서 거품이 빠지는 데 얼마나 걸릴까?

 **왜 케빈은 개럿이 자리를 떴다고 의심할까?**

"네가 말한 대로 이 탄산음료를 한 시간 전인 열두 시에 땄다면, 지금쯤 김이 완전히 빠졌을 거야. 하지만 이건 아직도 쉬익 소리가 나면서 거품이 올라오고 있어. 방금 딴 음료수가 분명해. 과연 네가 여기 내내 앉아 있다 음료수만 가지러 집에 들어갔을까? 새는 세지 않고 게임이라도 하고 나온 것 아니야?"

케빈이 의심스럽다는 듯이 물었어요. 개럿이 아무 말 못하고 고개를 숙였어요.

누가 내 물을 마셨을까?

 어느새 11월이 되었어요. 나무들이 마지막 남은 잎사귀까지 모두 떨구었어요. 수지의 아버지는 오늘이야말로 낙엽을 긁어모으기에 완벽한 날이라고 했어요.
 "하늘도 맑게 개이고, 덥지도 춥지도 않은데다가 바람도 거의 불지 않는구나."
 낙엽을 모으는 트럭은 이틀 후인 월요일에나 올 예정이었기에, 스스로 낙엽을 치우기로 결정한 수지 아버지는 수지더러 도와달라고 하셨어요. 그리고 손에 물집이 생기지 않도록 작업용 장갑을 주셨어요.
 이어폰에서 흘러나오는 음악에 푹 빠져 버린 수지는 집 안에 들어갈 때 장갑 벗는 것을 잊었어요. 컵을 꺼내기 위해 식기세척기 안에 손을 넣었을 때에야 비로소 장갑을 꼈다는 사실을 깨

달았지만, 귀찮아서 장갑을 벗지 않았어요. 물을 한 컵 가득 따라 마신 수지는 컵을 뒷마당에 있는 테라스 난간 위에 올려 두고서 다시 낙엽을 모으러 갔어요.

한동안 집 앞에서 낙엽을 모은 수지는 물을 마시러 갔어요. 하지만 물컵은 깨끗이 비워져 있었어요. 두리번거리던 수지의 눈에 뒷마당 낙엽 더미에서 놀고 있는 동생 케빈이 보였어요. 강아지 트레버도 함께 있었지요.

"케빈, 네가 내 물 마셨니?"

수지가 물었어요.

"아냐!"

"그럼 누가 그랬어?"

"트레버가 그랬나 봐."

케빈이 트레버를 발로 툭 차며 말했어요. 트레버가 멍 하고 짖었어요. 무언가 억울해 보였어요.

"말 못하는 강아지를 탓하지 마. 네가 마신 거 다 알아."

수지가 말했어요.

"아, 그래? 어떻게 알아?"

힌트　사람이 컵을 만지면 어떤 흔적이 남는가?

 수사관들이 사건 현장에서 장갑을 끼는 이유가 무엇인지 생각해 보자.

수지는 햇볕 아래로 컵을 들어 올렸어요. 햇빛을 받자 유리컵에 진 얼룩들이 선명하게 드러났어요.

"여기 네가 했다는 증거가 있어. 내가 이걸 식기세척기에서 꺼냈으니까, 나랑 몰래 물을 마신 사람 말고는 아무도 이 컵을 건드리지 않았어. 그런데 난 장갑을 끼고 있었으니까 지문도 묻지 않았지. 뒷마당에서 이 컵을 잡고 지문을 남길 사람이 너 말고 누가 있겠어? 설마 강아지 트레버에게 지문이 있다고 주장하려는 건 아니겠지? 나한테 물 한 컵 가져오는 게 어때?"

조작된 사진과 진짜 사진을
구별하는 법

2주 동안 열렸던 캠프가 끝났어요. 수지는 캠프에서 네 명의 여자아이들과 아주 친해졌지요. 모두 장난치는 걸 좋아하는 친구들이었거든요.

수지와 친구들은 각자 다른 곳에 살았지만 계속 연락을 하기로 약속하고 이메일을 교환했어요. 그리고 8월 초, 수지는 알리로부터 첫 이메일을 받았어요.

"안녕, 수지야? 우리 가족은 캠프가 끝나고 여행을 갔어. 세계에서 가장 덥고 건조한 곳 중 하나라는 데스밸리 사막도 들렀단다. 이 날은 안개가 너무 짙어서 아무 데도 갈 수 없었어."

알리의 이메일에는 사막에 안개가 낀 사진이 첨부되어 있었어요.

다음 이메일은 쿠퍼로부터 왔어요.

"수지에게. 절대 믿지 못할 소식이야. 지난주에 폭풍우가 발생하고 우박이 내렸어! 믿을 수 있겠니? 버지니아에서 여름에 우박이 내리다니!"

뒷마당으로 난 테라스에 얼음 알갱이가 쌓인 사진이 첨부되어 있었어요.

곧이어 줄리아도 이메일을 보냈어요.

"우리 집 정원에서 찍은 사진을 보낼게."

나무 덩굴에서 블루베리를 따는 줄리아의 사진이 메일에 붙어 있었어요.

마지막으로 지젤이 이메일을 보냈어요.

"지난주에 오빠랑 같이 호수에 낚시하러 갔어. 그런데 글쎄 오빠가 커다란 바닷가재를 잡았지 뭐야! 맛있었어."

지젤은 바닷가재가 낚인 낚싯대를 자랑스럽게 들고 있는 한 남자아이의 사진을 보냈어요.

수지는 친구들 모두에게 답장 이메일을 보냈어요.

"너희들 장난은 여전하구나. 딱 한 명만 내게 진짜 사진을 보내 줬어."

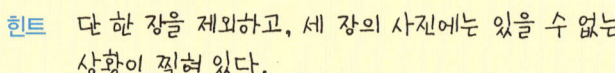

힌트 　단 한 장을 제외하고, 세 장의 사진에는 있을 수 없는 상황이 찍혀 있다.

 우박은 어떤 조건에서 떨어질까?

수지는 그렇게 생각한 이유를 계속 설명했어요.

"알리, 줄리아, 지젤. 너희들은 사진 합성을 정말 잘하는구나. 알리, 사막은 안개가 생기기엔 너무 덥고 건조해. 특히 여름엔 더 그렇지. 설령 안개가 조금 생긴다 해도 하루 종일 남아 있지

는 않아. 그리고 줄리아, 블루베리는 덤불에서 자란다고. 네가 보낸 사진처럼 덩굴에서 자라는 식물이 아니야. 마지막으로 지젤, 미남 오빠 사진은 잘 봤어. 하지만 바닷가재는 민물이 아니라 바닷물 속에서 산단다. 아차, 쿠퍼 네게도 안부 전해야지. 뇌우가 칠 땐 따뜻한 남부 지방이라도 우박이 종종 떨어져. 우박이 너희 집의 물건을 부수지 않았기를 바랄게."

가방이 무거워진 이유는 무엇일까?

"우아, 이 책들을 쌓으면 일 톤은 나갈 거야."

카렌이 책 무더기를 침대에 올려놓으며 말했어요.

카렌은 비행기를 타고 사촌들을 만나러 가려는 중이에요. 짐 속에 사촌들에게 줄 책도 챙겨 넣었어요. 사촌 중 한 명이 카렌보다 몇 살 어렸는데, 카렌이 즐겨 읽었던 동화 시리즈를 아주 좋아했거든요. 소중한 책이지만, 카렌은 이제 그런 책을 읽기엔 너무 컸어요.

수지는 카렌이 짐 싸는 것을 도와주는 중이었어요. 카렌의 부모님은 큰 가방과 작은 가방을 가져와서 어느 것을 가져갈지 고르라고 하셨어요. 카렌은 책 외의 짐들을 살펴보았어요.

"비행기의 중량 제한이 얼마라고 했었지?"

수지가 물었어요.

"50파운드, 즉 23kg이야. 그보다 무거우면 돈을 더 내야 돼."

카렌이 말했어요.

두 사람은 작은 가방에 책과 짐을 꾹꾹 눌러 넣고서 체중계로 무게를 쟀어요. 거의 23kg 가까이 무게가 나갔어요.

"다행이다, 중량 제한을 안 넘었어. 그런데 짐을 너무 꾹꾹 눌러 넣은 것 같아. 옷이 다 구겨질 것 같으니 큰 가방에 옮겨야겠어."

카렌이 말했어요. 하지만 마침 집에 갈 시간이 된 수지는 먼저 떠났고, 카렌은 혼자서 짐을 큰 가방으로 옮겼어요.

여행을 마치고 돌아온 카렌은 수지에게 전화했어요.

"수지, 공항에서 여행 가방이 무게를 초과하는 바람에 돈을 더 냈어! 부모님이 내 용돈에서 가방 추가 비용을 빼겠대! 분명히 저울로 확인했는데, 왜 그럴까? 저울이 고장났나?"

"저울은 멀쩡할걸."

"그럼 뭐가 문제야?"

 힌트 큰 가방과 작은 가방의 무게 차이는 어떻게 될까?

 용기에 담겨 있는 것의 무게를 잴 때에는
용기의 무게도 생각해야 한다.

"네 짐을 큰 가방으로 옮기고 나서 무게를 다시 재 봤니?"

수지가 물었어요.

"아니? 작은 가방에 있던 걸 그대로 옮겼을 뿐이야."

카렌이 말했어요.

"내용물은 같지만 여행 가방이 바뀌었잖아. 큰 가방이 작은 가방보다 무거워."

수지가 말했어요.

태엽 시계의
약점은 무엇일까?

"어디서 그런 자명종을 구했니? 골동품 가게에서?"

토마스가 웃으며 말했어요.

케빈은 조금 창피했어요. 처음 하는 야영이라 무엇을 가져와야 할지 잘 몰랐거든요. 다른 아이들도 시계를 보러 모여들었어요. 시계는 거의 5시를 가리키고 있었어요.

아이들은 앞으로 이틀 동안 묵을 오두막집의 침대에 앉아 잠시 쉬는 중이었어요. 몇 분 후면 저녁 식사를 만들 거고, 식사한 뒤에는 등산용 배낭에 짐을 챙길 거예요. 내일 아침에 수영할 호수까지 등산할 예정이거든요.

호수는 산 정상 근처에 있기 때문에 그만큼 아침에 일찍 일어나서 출발해야 해요. 혹시 늦잠이라도 잘까 봐 걱정이 된 케빈은 태엽 자명종 시계를 꺼내 알람을 맞추어 놓으려 했어요. 그러다 토마스에게 놀림을 받게 된 거예요.

"야, 정말 멋진 시계다. 여긴 숲이라서 시계 배터리가 다 되어도 새것을 살 수가 없잖아. 케빈의 시계는 태엽만 감아 주면 되니까 얼마나 좋아."

자말이 말했어요. 케빈은 자말이 도와주는 게 고마웠어요.

"내일 여덟 시에 나가니까, 일곱 시에 일어나면 될 거 같아."

자말의 말에 힘을 얻은 케빈은 알람 시간을 7시로 맞추려고 자명종의 시곗바늘을 돌렸어요.

다른 아이들이 저녁을 준비하러 나가자, 자말이 케빈에게 속삭였어요.

"하지 마. 지금 알람을 맞춰 봤자 소용없어."

"왜?"

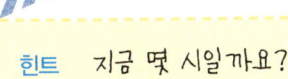
힌트 지금 몇 시일까요?

태엽 시계와 디지털 시계의 차이점은 무엇인가?

"태엽 시계는 오전과 오후를 구별하지 못해. 지금 알람을 맞추어 놓으면 이따가 일곱 시에 시계가 울릴 거야."

"그렇구나. 토마스가 또 비웃는 걸 보고 싶지 않으면 일곱 시가 지나길 기다렸다가 시계를 맞춰야겠네."

케빈이 쑥스러운 듯이 웃으며 대답했어요.

손금의 증명

제임스, 헥토르, 데이비드, 카를로스는 저녁 식사 전 오두막집으로 돌아왔어요. 여름 캠프의 오후 활동을 막 끝내고 옷을 갈아입기 위해서였어요. 네 명의 친구들은 각자 암벽 타기, 수영, 물풍선 던지기, 승마를 즐기고서 돌아온 참이에요. 활동 이름이 적힌 네 장의 쪽지에서 각각 하나씩 골랐기 때문에 누가 무슨 활동을 했는지는 몰라요.

승마를 즐긴 제임스가 오두막집으로 돌아와 보니, 다른 아이들은 이미 와 있었어요. 신기하게도 다들 머리가 젖어 있었어요. 마침 저녁 식사를 알리는 종소리가 들렸어요.

"자, 이제 출발하자."

헥토르가 말했어요.

"잠깐, 난 셔츠를 갈아입어야 돼. 등산로에서 먼지를 잔뜩 뒤

집어썼어. 사실 샤워를 하고 싶지만 시간이 없네."

제임스가 말했어요.

"등산로라고? 승마를 했나 보구나. 그럼 너도 우리가 오늘 뭘 했는지 맞출 수 있겠니?"

카를로스가 말했어요.

"너희들 손만 나한테 보여 준다면 기꺼이 맞춰 주지."

제임스가 말했어요. 데이비드가 먼저 손을 내밀었고, 그 뒤에 헥토르가 손을 보여 주었어요.

"데이비드, 너 손가락 표면이 엄청 거칠거칠하구나. 헥토르는 손끝이 쭈글쭈글하고. 카를로스의 손까지 보지 않아도 너희들이 무얼 했는지 알 것 같다."

힌트 암벽 타기, 수영, 물풍선 턴지기. 각 활동을 하고 나면 손이 어떻게 변할까?

 암벽을 타면 손이 거칠어지고,
수영을 하면 쭈글쭈글해진다.

"데이비드, 네 손가락에 있는 그 거친 자국들을 보니 암벽 타기를 했나 보구나. 수영이나 물풍선 던지기 때문에 손가락 표면이 긁힐 리 없지. 그리고 헥토르처럼 손가락이 쭈글쭈글해지려면 물속에 오랫동안 있어야 돼. 물풍선에 맞아도, 샤워해도 저렇게 되진 않아. 그러니 손가락이 쭈글쭈글한 헥토르가 수영을 한 거야. 그럼 나머지 한 사람인 카를로스가 물풍선 던지기를 한 거겠지."

제임스가 차분하게 설명했어요.

아담의 화살촉은 돌인가, 금속인가?

수지가 다니는 포와탄학교는 한창 공사 중이었어요. 교실 건물과 새로운 운동장이 들어설 예정이었지요. 옛날 운동장 자리에는 커다란 구덩이가 패였어요. 흙더미를 파낸 곳은 출입 금지였지만, 학생들은 쉬는 시간이면 몰래 그곳에 올라가곤 했어요.

흙더미의 꼭대기까지 기어오른 아담은 발끝에 딱딱한 무언가가 채이는 것을 느꼈어요. 그것은 손가락만 한 크기의 붉은 갈색덩어리였어요. 주워서 자세히 살펴보니, 끝이 뾰족한 게 마치 사람이 다듬은 것처럼 보였어요. 옷에다 문질러 보았지만 딱딱하게 굳은 흙이 붙어 떨어지지 않았어요. 도대체 무엇인지 알기가 어려웠어요.

"아무래도 화살촉 같아. 이곳에 학교가 세워지기 전에 무엇이 있었는지 아는 사람 있니?"

아담은 친구들에게 물었어요.

"여긴 숲이었는데 원주민 마을이 근처에 있었어. 우리 학교 이름 포와탄도 원주민 부족 이름에서 따온 거야."

수지가 말했어요.

"하지만 원주민들은 돌로 화살촉을 만들었어. 이건 금속 같아. 아마 철일 거야. 이곳이 숲이었을 때 활과 화살을 쓰는 사냥꾼들이 떨어뜨린 것 같아."

"여기 있는 다른 돌들과 비슷한 색이야. 이것도 돌 아닐까?"

아담이 말했어요.

"이게 돌인지 금속인지 알 수 있는 간단한 방법이 있어."

수지가 말했어요.

"어떻게?"

아담이 물었어요.

 힌트 돌과 금속의 차이가 무엇인지 생각해 보라.

 철은 자석에 끌리지만, 돌은 그렇지 않다.

　수지는 과학 선생님에게 자석을 빌려서 화살촉에 갖다 대었어요. 자석이 화살촉에 붙었어요.
　"이게 돌로 만들어졌으면 자석에 끌리지 않았을 거야. 자석에 붙는 걸 보니 철로 된 물건이네. 아쉽지만 이건 옛날 원주민들이 쓰던 화살촉이 아니야."
　수지가 말했어요.

야구공은 왜 돌기를 갖고 있을까?

"진짜야? 코치 선생님이 너한테 커브 던지는 법을 가르쳐 줬다고?"

제임스가 물었어요.

"응."

랜디가 대답했어요.

랜디는 뛰어난 운동선수예요. 가을에는 미식축구팀의 쿼터백(후방의 중앙에서 팀 전략의 중심을 책임진다)을 맡았고, 겨울에는 농구팀의 포인트 가드(팀의 공격을 지휘한다)를 맡았어요. 그리고 봄에는 야구팀의 투수 역할을 했지요.

"좀 더 나이를 먹고 커브를 던지는 게 낫지 않겠니?"

"사실 많이 던지면 안 되긴 해. 팔을 다칠 수 있거든."

"어떻게 던지는지 보여 줄래?"

제임스가 물었어요. 두 사람은 점심시간에 학교 운동장으로 갔어요. 야구공이 없었기 때문에 크기와 무게가 야구공만 한 매끈한 공을 가져왔어요.

"봐 봐, 이렇게 공을 움켜쥐고……."

랜디가 손가락 위치를 알려 주며 말했어요.

"던질 땐 공이 날아가는 방향으로 돌아가도록 톱스핀(회전력)을 줘야 해. 그러려면 손목을 아래로 꺾어야 돼."

랜디는 손목을 아래로 꺾고 공을 던졌지만, 공은 직선으로 날아갔어요. 공이 벽돌담에 튕겨 떨어지자, 제임스가 공을 주워 와 랜디에게 건네주었지요.

"다시 던져 봐."

제임스가 말했어요.

랜디는 손목을 더 많이 꺾고 던졌어요. 하지만 공은 여전히 직선으로 날아갔어요. 세 번이나 다시 던졌는데, 결과는 마찬가지였어요.

"이상하네. 어젯밤에 연습할 때는 정말 공이 회전하며 날아갔는데, 왜 안 되는 거지?"

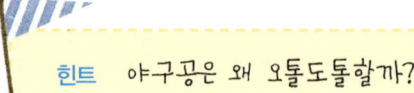
힌트 야구공은 왜 오툴도툴할까?

 야구공의 돌기는 공기 저항을 줄이고
공기의 흐름을 바꾼다.

"어젯밤 연습 때는 공 표면에 실밥이 있는 진짜 야구공을 사용했지?"

제임스가 물었어요. 랜디는 그렇다는 의미로 고개를 끄덕였어요.

"네가 손목을 꺾어 야구공에 톱스핀을 주면, 공의 아랫부분

실밥이 공기와 함께 이동해. 그러면서 공의 흐름을 막는 공기막을 깨 주는 거야. 그러면 공의 아랫부분 근처에서는 공기의 흐름이 빨라지고 저기압이 돼. 또 그만큼 많은 공기가 공의 윗부분으로 올라가니까 그 근처는 고기압이 되지. 그런데 공기는 고기압에서 저기압으로 이동하는 성질이 있어. 그래서 그런 공기의 흐름에 따라 공도 아래쪽 땅을 향해 회전하게 되는 거야. 골프공 표면에 울퉁불퉁 패인 작은 홈도 이와 비슷한 역할을 해. 하지만 지금 이 공은 매끈해서 그런 효과를 얻을 수 없어."

제임스가 자세히 설명해 주었어요.

과학 수수께끼 55

누가 누가 더 빠를까?

"한 바퀴로 제일 빠른 주자가 결정된다. 학교에서! 세계에서! 우주에서!"

헥토르는 그렇게 농담하는 걸 좋아했어요. 하긴 학생들이 시합에 많은 관심을 보이는 건 당연한 거겠죠. 누가 1분에 더 많이 자유투를 던지는지, 누가 미식 축구공을 더 멀리 차는지, 누가 더 턱걸이를 많이 하는지, 서로서로 시합하는 것처럼 즐거운 일이 또 있을까요?

방과 후, 두 반의 학생들이 트랙에 모였어요. 제임스와 데이비드는 각 반의 제일 빠른 대표 주자로 뽑혔어요. 아마 단거리에서는 제임스가 빠를 거예요. 하지만 지구력으로는 데이비드가 더 강해요. 그래서 모두들 트랙을 한 바퀴 다 도는 게 공정한 시합이 될 것이라 생각했어요.

동전을 던져서 레인을 결정했어요. 제임스가 안쪽 레인에 섰어요.

"둘 다 레인을 지켜야 돼. 다른 레인으로 넘어가기 없기야."

심판을 맡은 헥토르가 두 사람을 나란히 세우고서 말했어요.

"제자리, 준비, 땅!"

제임스와 데이비드가 동시에 출발했어요. 제임스는 경기장의 직선 코스에서 앞섰지만, 두 번째 턴을 돌 때 데이비드가 따라잡았어요. 모두의 응원 속에서 두 사람은 동시에 결승선을 통과했어요.

"무승부!"

그렇게 외친 헥토르가 잠시 생각하더니 이렇게 말했어요.

"음, 몇 분 쉬고 나서 누가 더 빠른지 다시 한 번 뛰어야겠다."

"그럴 필요 없어. 누가 더 빠른지는 이미 결판났잖아."

제임스가 말했어요.

"어떻게?"

헥토르가 물었어요.

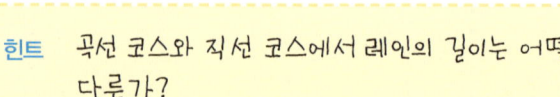
힌트 곡선 코스와 직선 코스에서 레인의 길이는 어떻게 다른가?

 곡선 코스에서는 바깥쪽 레인이 더 길다.

"데이비드가 나보다 바깥쪽 레인에 있었지? 직선 코스에서는 바깥쪽 레인이나 안쪽 레인이나 같은 거리야. 하지만 곡선 코스에서는 바깥쪽 레인이 더 먼 거리를 돌아가게 돼. 우리는 같은 지점에서 출발했고 트랙을 돌면서 계속 자기 레인을 지켰어. 그러니까 바깥쪽 레인에 있었던 데이비드가 나보다 더 먼 거리를 달린 거야. 같은 시간 동안 더 멀리 갔으니, 데이비드가 더 빠른 셈이지."

제임스가 말했어요.